Eva Wipf

Eva Wipf

Herausgegeben von Rosmarie Schmid · Elisabeth Grossmann · Matthias Haldemann

Nachlaßverwaltung Eva Wipf · Kunsthaus Zug · Cantz Verlag · Stuttgart und Zürich

Dank

für die großzügige Unterstützung danken wir

dem Erziehungsdepartement des Kantons Aargau

der Schweizer Kulturstiftung PRO HELVETIA

dem Erziehungsdepartement des Kantons Schaffhausen

der FONDATION NESTLÉ POUR L'ART

dem Fonds Pro Hofstatt, Brugg

der Stadt Brugg

dem MIGROS Kulturprozent

der Georges und Jenny Bloch-Stiftung, Zürich

der Präsidialabteilung der Stadt Zürich

Die Ausstellung im Kunsthaus Zug wurde unterstützt

von der Zuger Kulturstiftung Landis & Gyr

Inhalt

Vorwort

Als Eva Wipf am 29. Juli 1978 in der Storchengasse in Brugg starb, war sie innerhalb der Schweizer Kunstszene in mehrfacher Hinsicht eine »Unbekannte Bekannte«. Sie hatte rund zehn Einzelausstellungen bestritten, sie war in den Museen von Schaffhausen und Aarau vertreten, aber es gab nur eine einzige monographische Publikation, über die sie im übrigen nie ganz glücklich war. Der Durchbruch im Sinne einer breiten Anerkennung innerhalb der Schweizer Kunst hatte sich nicht eingestellt. Alle ihre Aufbrüche und Neuanfänge, die stetig an sich selbst gerichteten Aufrufe zu Disziplin, Fleiß und vor allem Selbstkontrolle, waren Aufbrüche und Neuanfänge auf Zeit geblieben. Ihre Biographie ist eine Biographie mit Rissen, und ihr Erfolg als Künstlerin ist bis heute ein fragmentarischer geblieben.

Ein Grund mag sein, daß ihre Persönlichkeit vor dem Werk gestanden hatte und es dadurch verdeckte: Sie als Künstlerin objektiv zu beurteilen oder gar zu erkennen, war schwierig. Sie entsprach dem Bild der »tragischen Künstlerin« und wurde darin von außen bestätigt. Sie galt als selbstquälerisch, aber auch als unterhaltsam und schlagfertig, ehrgeizig und gleichzeitig unsicher, manisch in der Arbeit und zeitweise völlig untätig. Die Gegensätzlichkeit, in der sie sich ausdrückte, mag einerseits in ihrer Persönlichkeit angelegt gewesen sein, aber sie hing auch mit der damaligen Position der weiblichen Kunstschaffenden zusammen, dem Ungleichgewicht in der Wertschätzung. Es ist damals den wenigsten Künstlerinnen gelungen, innerhalb der Argumentation über die »Frauenkunst« ein sicheres Selbst zu bewahren. Eva Wipf hat sich den Umständen nicht angepaßt; sie hat gestritten mit der Geradlinigkeit einer Einzelkämpferin, und als solche, als Solitär, ist sie auch in die Kunstgeschichte eingegangen.

Doch diese Sicht verfälscht das Bild. Eva Wipf war, wie ihre zeitgenössischen Künstlerkollegen, in das Kunstgeschehen zwischen Zürich, Aarau und Schaffhausen eingebettet. Ihre Entwicklung von den frühen Landschaften bis zu den Schreinen und Räderwerken der letzten Jahre zeigt, daß sie Anregungen empfangen und Einflüsse aufgenommen hat und zugleich die Entwicklung der zeitgenössischen Kunst verfolgte. So war etwa die Objektkunst ein lebendiger Teil der Schweizer Kunst und für diese auch auf internationaler Ebene maßgebend. Meret Oppenheim, Daniel Spörri, Diter Rot oder auch Franz Eggenschwiler haben innerhalb der Objektkunst gearbeitet und diesem Medium Anerkennung (und zum Teil sogar Popularität) verschafft. Eva Wipfs Entwicklung wäre ohne diese zeitgenössischen Tendenzen vielleicht anders verlaufen. Während die genannten Künstler erfolgreich waren, gilt dies für sie nicht in gleichem Maße. Sie war im nationalen Umfeld nicht gegenwärtig (man kannte ihr Werk nicht), galt als schwierig im Umgang (maßlos und intensiv), oder ihr Werk wurde einseitig auf das vermeintlich esoterische Gedankengut eingeschränkt, mystifiziert und damit der Bewertung entzogen. »Mit unverstelltem Blick«* wurde dieses Werk selten beurteilt, nicht mit den kunsthistorischen Kriterien, die von anschaulichen und nicht nur von motivischen Aspekten ausgehen. Aus der historischen Distanz ist der unvoreingenommene Blick auf das Werk von Eva Wipf einfacher; ihre Bilder und Objekte lassen sich heute zugleich im

Kontext der Schweizer Kunst der fünfziger bis siebziger Jahre situieren und als individueller Ausdruck einer einzelnen Künstlerpersönlichkeit sehen. Zeitentsprechung (sozialpolitische Bezüge) und Aktualität (übergreifende Thematik) prägen dieses Werk sowie eine Sprache, die die Zeit reflektiert und zugleich überdauert.

Den Auftrag, der Künstlerin und dem Menschen Eva Wipf gerecht zu werden, haben wir nicht leicht genommen. Weder sollten die widersprüchlichen Züge der Persönlichkeit geglättet, noch das Werk, einmal mehr, mystifiziert werden. Werk und Biographie wurden voneinander getrennt behandelt und als zwei unterschiedliche Stränge parallel aufgenommen. Matthias Vogel untersucht das Werk in bezug auf die stilistische Entwicklung, die Ikonographie und den kunsthistorischen Kontext (»Eva Wipf: Gedanken zum künstlerischen Werk«), Rea Brändle zeichnet anhand von Briefen, Tagebüchern und Gesprächen mit dem Freundeskreis die Biographie nach (»Vier Stationen im maßlosen Leben einer Künstlerin«). Beide Blickwinkel stehen für sich, sind in sich richtig, bilden jedoch nur im Zusammenwirken ein Ganzes. Eva Wipf hat im Widerspruch beide Seiten vereint: Den in sich zerrissenen Menschen und die ihren Weg beharrlich verfolgende Künstlerin. Die Ambivalenz ihrer Persönlichkeit und ihrer Lebensumstände hat sich im Werk in eine eigenständige künstlerische Sprache umgewandelt, hat zu einer transformierenden Ästhetik und zu einer gültigen Form gefunden. In jungen Jahren hat Eva Wipf ihr Werk als Vorstufen betrachtet, »als Teile zu dem einzigen grossen Kunstwerk, das ich vollenden möchte: das Leben« (Tagebuch 1949). Später war sie sich der Relevanz der künstlerischen Arbeit stärker bewußt; das Kunstwerk Leben wäre ohne das Werk Kunst nur unvollständig geblieben.

Dieses Buch hätte nicht ohne die Mitwirkung eines größeren Kreises entstehen können. Wir danken allen privaten Sammlern und den Museen, die uns ihre Werke zur Verfügung gestellt haben sowie dem Schweizerischen Institut für Kunstwissenschaft, das uns Gastrecht gewährt hat. Einen herzlichen Dank möchten wir vor allem der Familie Wipf, dem ungenannten langjährigen Mäzen im Hintergrund, Christian Michelsen, Marianne Werner und dem Freundeskreis von Eva Wipf aussprechen. Ein besonderer Dank gebührt all jenen, die unser Projekt mit großzügigen finanziellen Beiträgen gefördert und unterstützt haben.

Die Herausgeber
Rosmarie Schmid, Nachlaßverwaltung Eva Wipf
Elisabeth Grossmann
Matthias Haldemann, Kunsthaus Zug

* zitiert aus »mit unverstelltem blick, bericht zu drei künstlerinnen: anna baumann-kienast, alis guggenheim, sophie taeuber-arp«, Angela Thomas, Benteli Verlag Bern, 1991

Eva Wipf: Gedanken zum künstlerischen Werk

Offene Landschaften – geschlossene Bezirke

Ein hoher Himmel über einem flachen Land. Dichte Wolkenbänder, die das spärliche Sonnenlicht aufzufangen scheinen. Darunter, auf Äckern und Wiesen, breitet sich die Dämmerung. Ein waldiger Hügel schiebt sich am Horizont zwischen oben und unten, Himmel und Erde. Wir befinden uns in einem Bild, das Eva Wipf, noch nicht zwanzigjährig, im Winter 1948/1949 gemalt hat. Wir sind dort alleine – »Einsamkeit« (siehe S. 43), so der bedeutungsschwere Titel. Nicht nur die über das Dargestellte hinausgehende Bezeichnung auch die Atmosphäre des kleinformatigen Werks weist auf gewisse Maler der Neuen Sachlichkeit und weiter auf Künstler der deutschen Romantik zurück: Seelenlandschaften (Abb. 1). Pinselduktus und Farbigkeit lassen bei Eva Wipf jede Gelassenheit vermissen. Aus ihnen spricht eine Gefühlsintensität, die dem Expressionismus verwandt ist.

Das Betreten des weiten Bildraums wird uns, den Betrachtern, von der Künstlerin leicht gemacht. Ein gerader Weg, am unteren Bildrand beginnend, führt etwas links von der Bildmitte zur abschließenden Hügelkette und ungehindert darüber hinaus ins Unendliche. Daneben wirkt die Düsterkeit und Unwirtlichkeit der Gegend auch abstoßend. Nur mit Hilfe eines kahlen, krüppligen Baums, der als einziger irdischer Gegenstand in den Himmelsraum ragt, ist Orientierung, das Abschätzen der Distanzen, möglich. Aber ohne das alte Hilfsmittel eines Gegenstandes im Vordergrung als Repoussoir, sei es ein Busch oder Felsen, bleibt dem Betrachter keine Zeit zum Verweilen, keine Möglichkeit sukzessiv und allmählich in den illusionistischen Bildraum einzudringen, seine Blicke werden haltlos in die Tiefe gesogen. Auch Edvard Munch und Marianne Werefkin (Abb. 2) haben solche unbewohnte Landschaften gemalt; darin Wege, die im Vordergrund als breite Bänder ansetzen und sich im Hintergrund verlieren.[1] Nur bewegen sich dort einzelne Menschen auf den Bildvordergrund zu oder von ihm weg. Die Winterlandschaften der Eva Wipf, über die häufig die Nacht hereinbricht sind menschenleer, »Abendliche Winterlandschaft«. Gefällte Baumstämme, gepflügte Äcker, Telefonleitungen oder ein einsam hochfahrender Kamin, »Landschaft mit Telefonstangen« (Abb. 3), zeugen davon, daß die Natur nicht sich selbst überlassen, die Zivilisation nahe ist.

Eva Wipf sah und erlebte solch weite, relativ unberührte Landstriche in der Umgebung von Buch, einem Dörfchen im schaffhausischen Teil des Hegau, in dem sie den größten Teil ihrer Kindheit und Jugend verbrachte, oder im Zürcher Weinland, woher sie stammte und wo sie häufig Verwandte besuchte. Wiederholt stellte sie ihre Staffelei unter freiem Himmel auf. Dennoch tragen diese Bilder wenig Spuren einer bestimmten Topographie. Spontan vollzieht die Malerin den Schritt vom Besonderen und Individuellen zum Allgemeinen. Schon hier im Frühwerk geht es der Malerin nicht um eine Bestandsaufnahme des gegenwärtig Vorgefundenen oder gar um das Zelebrieren von Heimat und Nähe, wie dies damals im Werk von Hermann Huber, Reinhold Kündig (Abb. 4) und Fritz Deringer, den Stars der regionalen Kunstausstellungen in der Ostschweiz, der Fall war. An diese erinnert zwar manchmal die tonig pastose Malweise der monumental gedachten

Matthias Vogel

4
Reinhold Kündig, Hirzellandschaft an düsterem Tag, 1933

5
Eva Wipf, Landschaft (vom Pfarrhaus in Buch aus gesehen),
1948

Bildchen Eva Wipfs, nicht jedoch ihre tiefere Bedeutung. Sie künden von der Sehnsucht nach dem Ausbruch aus der bäuerlichen Umgebung, nach dem Wandern ins offene Land, in die weite Welt. Sie verraten jedoch gleichzeitig etwas von der Angst, die die junge Künstlerin vor diesem Schritt hatte. Die vorgestellte Welt ist nicht einladend. Kalt, hartgefroren und vor allem von Menschen verlassen, so stellt sie sich dar; Menschen, die die Künstlerin als temporäre Gefährten, aufmunternd und unterstützend, damals und in Zukunft auf ihrem Weg, den sie als einsam genug empfand, so nötig hatte. Das Ziel ihres damaligen künstlerischen Bemühens faßt sie im Winter 1948/1949 in einem Brief an Hans Müller, dem Leiter der Galerie Forum in Schaffhausen, zusammen: »Ich möchte, dass ich einmal so weit komme, dass ich nur einige Häuser, einen Baum, zwei Menschen auf der Strasse andeuten kann und dass dann das Bild trotzdem viel sagt, dass es erfüllt ist von einer aufwühlenden Tragik. Oder dass in ihm das Gefühl einer grenzenlosen Einsamkeit zittert, jenes Alleinsein, in dem wohl jeder Mensch im tiefsten Grunde wohnt. Oder dass den Beschauer plötzlich Heimweh überfällt, Sehnsucht nach etwas Höherem, Geistigerem.«

Als diese kleine Gruppe von Landschaftsbildern entstand (Abb. 3 und 5), hatte Eva Wipf begonnen, sich aus dem engen, belastenden Familienkreis mit dem patriarchalischen Prediger-Vater als Zentrum zu lösen. Bereits 1947, nachdem sie eine Lehre als Keramikmalerin nach kurzer Zeit abgebrochen hatte, entschloß sie sich zu einem Dasein als freie Künstlerin. In einer Kunstschule unter Anleitung die ersten Schritte auf das weite Feld künstlerischer Gestaltungsmöglichkeiten zu tun, das technische Können zu festigen, daran war damals nicht zu denken. Der Erwerb des Lebensunterhalts war in den noch recht kargen Jahren nach dem Zweiten Weltkrieg schwer. Sie blieb auf die Zuwendungen von zu Hause angewiesen. Die Idee des Vaters mit der ganzen Familie nach Brasilien zurückzukehren, wo die Malerin ihre angeblich unbeschwerten ersten Kinderjahre verbracht hatte, konnte sie nicht mehr locken. Sie entschloß sich, in der Schweiz zu bleiben. Nicht, weil sie ihr Vaterland so liebte, sondern weil sich hier Ende der vierziger Jahre plötzlich Verdienstmöglichkeiten und die Chance, sich einen Namen zu machen, eröffneten.

Im Februar 1949 stellte sie in der Galerie Forum in Schaffhausen aus, im Mai des gleichen Jahres zeigte sie im Casino Winterthur eine vergleichbare Auswahl – vierundsechzig Gemälde. Danach durfte sie im Club 49 in Konstanz dreizehn eigene Werke präsentieren, und an der Sommerausstellung der Galerie Forum war sie noch im gleichen Jahr mit mehreren Arbeiten beteiligt. Sie fand recht große, meist wohlwollende Resonanz in der lokalen Presse. Es überrascht, daß gerade die »formale und farbige Gestaltung« dieser Gemälde hervorgehoben wurde. Sie kämen dem »Absolutkünstlerischen« nahe und erinnerten in ihrer »Delikatesse« an Braque.[2] Eine nicht geringe Anzahl von Werken konnte Eva Wipf während der Ausstellungen verkaufen. Wie ein Fanal war dieser Beginn einer Künstlerinnenkarriere – nur die Unbefangenheit und der Mut der Jugend machten ihn möglich.

Das Fehlen einer durchgehenden künstlerischen Handschrift war der größte Vorwurf, den damals die Kunstkritiker Eva Wipf machten; sie sprachen von »Uneinheitlichkeit«. Tatsächlich zeugen die Arbeiten der jungen Frau von einer intensiven Auseinandersetzung mit den verschiedensten Stilrichtungen des 20. Jahrhunderts. Der naheliegende Grund dafür mag im Fehlen eines Lehrers, eines einzelnen Vorbilds zu sehen sein. Die angehende Künstlerin machte sich hauptsächlich über Publikationen und Zeitschriften – das Magazin *DU* blieb ihr bis in die sechziger Jahre eine wichtige Anregungsquelle – mit den formalen Neuerungen in Malerei und Plastik vertraut. Der tiefere Grund für die »Stilunsicherheit« ist aber in der Schaffensweise der Künstlerin zu suchen. Am Anfang stehen meist emotionale Befindlichkeiten und gedankliche Visionen, die sich schnell zu inhaltlichen Vorstellungen verdichten. Zu diesen gesellt sich dann das passende Formkleid wie von selbst. So verschieden die Inhalte, so unterschiedlich die dafür geeignete Form. Was Meret Oppenheim über ihre schöpferischen Prozesse sagte, gilt in dieser Phase auch für Eva Wipf: »Jeder Einfall wird geboren mit seiner Form. Ich realisiere die Ideen, wie sie mir in den Kopf kommen. Man weiß nicht, woher die Einfälle einfallen; sie bringen ihre Form mit sich, so wie Athene behelmt und gepanzert dem Haupt des Zeus entsprungen ist, kommen die Ideen mit ihrem Kleid.«[3] In der Moderne, in der so viel von der Authentizität der Kunstwerke abhängt, waren viele Kunsttheoretiker und -kritiker überzeugt, daß der spontane Schaffensakt, der vom Kunstwollen mehr angestoßen als geleitet wird, zu einer ganz bestimmten, unverkennbaren künstlerischen Handschrift führe. Im 20. Jahrhundert sind es besonders die Künstlerinnen, die sich nicht an diese Regeln halten. In ihrem Bemühen um die Gestaltung konkreter Inhalte empfinden sie das Einhalten eines einzigen Stils als zu enges Korsett.

Indem die Gemälde an den großen Einzelausstellungen Eva Wipfs von 1949 in fünf Gruppen eingeteilt wurden, sollte zumindest eine motivische oder thematische Übersichtlichkeit geschaffen werden. Unter der Rubrik »Farbspiele, Konstruktionen, Experimente, Abstraktionen« waren Werke zusammengefaßt, in denen sich die Künstlerin der Formsprache der Kubisten zu nähern versuchte, aber auch mit der »Farbfeldmalerei« Paul Klees experimentierte. Ein Weg, den sie nach kurzer Zeit nicht mehr weiter verfolgte. Auch die Auffassung der menschlichen Figur, wie sie in der Abteilung »Menschen sehen Dich an« zum Ausdruck kam, hatte im Werk von Eva Wipf keine Zukunft. Clowns und Gaukler waren häufig das Motiv – das muntere Volk der Zirkusleute, das seit alters her vom Hauch der Ungezwungenheit und Ungebundenheit umweht ist, dem das gesellschaftliche Außenseitertum aber auch einen wehmütigen Beiklang gibt. Selbst Menschen, die von der Gemeinschaft geächtet wurden – Judas etwa –, gehörten zum Figurenrepertoire der jungen Malerin. Es liegt nahe anzunehmen, Eva Wipf habe sich damals, als sie um ihre Stellung in der Gesellschaft rang, mit solchen Gestalten identifiziert (Abb. 6). Wie zur gleichen Zeit im Fall von Friedrich Kuhn brauchte es keinen großen Anstoß von außen, um diese Archetypen menschlicher Existenz als Motiv für das malerische Schaffen zu wählen. Picasso, der sich als künstlerisches Vorbild bei der Darstellung von Zirkusleuten und Gauklern am ehesten aufdrängt, kam für Eva Wipf nicht in Frage, war doch dieser berühmte malende Zeitgenosse für die junge Frau der Inbegriff eines Scharlatans. 1949 schreibt sie in Florenz in ihr Tagebuch: »Picasso fehlt die Ehrfurcht vor dem Menschen und der Glaube an Gott. Seine Werke tragen keine Liebe. Doch ohne Liebe hat nichts einen Wert.« Zeilen, die darüber Auskunft geben, wie stark Eva Wipfs Wertesystem und Menschenbild von christlichen Vorstellungen geprägt war. Es war für sie selbstverständlich, daß auch das künstlerische Schaffen davon berührt wurde. In diesem Glauben bestärkten sie die Florentiner Kunstschätze, die ihr ein intensives Erlebnis bereiteten. Eva Wipf orientierte sich bei der

6
Eva Wipf, Drei Gestalten mit Sarg und Totenkopf, 1948

7
Otto Dix, Masken in Trümmern, 1946

Matthias Vogel

8
Eva Wipf, Rotes Chaos, 1948

9
George Grosz, Metropolis, 1917

10
Louis Moilliet, Das große Karussell, 1916/17

Entwicklung ihres Menschenbildes nicht unmittelbar an der Renaissance; zu ideal und unerreichbar für den Künstler in der Mitte des 20. Jahrhunderts schienen ihr diese Vorgaben. In ihrer Flächigkeit und starren Ungelenkheit erinnern die Zirkusleute auf den Bildern der Schaffhauser Malerin eher an das Menschenbild im Werk von Bernard Buffet. Ein Künstler, der damals in Paris Furore machte, weil er die totgeglaubte Figurenmalerei wieder auferstehen ließ. Auch im Werk von Otto Dix taucht nach dem Zweiten Weltkrieg eine Vielzahl von flächig gemalten »Masken« auf (Abb. 7). Diese sind den Außenseiterfiguren Eva Wipfs verwandt.[4] Da wie dort mutet der Mummenschanz der maskenhaften Gestalten unheimlich an; so zeigen sie keine eindeutig lesbaren Gefühle.

Für die künftige künstlerische Arbeit Eva Wipfs erwiesen sich die stilistischen und thematischen Ansätze innerhalb der Werkgruppen »Gedanken« sowie »Märchen und Träume« als fruchtbar. Für die zeitkritischen Bilder wie »Der grosse Irrtum« oder »Rotes Chaos« (Abb. 8) wählte die Malerin einen an die frühen Arbeiten von George Grosz oder Otto Dix gemahnenden, zupackenden Agitpropstil. Vor einem monochromen Hintergrund werden die Figuren ganz aus der Linie heraus entwickelt. Sie wirken gleichzeitig ineinander verschachtelt und versplittert, aufeinander angewiesen und isoliert. Allerdings weist die ganze Komposition nicht die Dichte der Gemälde von Grosz und Dix aus der Zeit nach dem Ersten Weltkrieg auf (Abb. 9). Dennoch bescheinigten ihr Kritiker, sie habe darin etwas von der »dunkeln Atmosphäre« und beklemmenden Stimmung in der Zeit nach Auschwitz und Hiroschima, in einer Zeit globaler politischer Spannungen, eingefangen. Bis in die siebziger Jahre hinein hat sich Eva Wipf unmittelbare Kommentare zum Zeitgeschehen in ihrem künstlerischen Werk vorbehalten. Dazu wählte sie in Zukunft meist – wie im Werk »Prager Pietà« von 1968 – das Medium der Collage. Deren zerstückelte, facettierte Oberflächen schließen formal an die hier erwähnten frühen Bilder an (siehe S. 69 bis 71).[5]

»Sonnenweg«, »Traumstadt« (siehe S. 45), »Stadt unterm Meer« – so lauten einige Titel der Gemälde, die in der Schaffhauser Ausstellung 1949 unter dem Überbegriff »Märchen und Träume« subsummiert wurden. Soviel sich aus den erhaltenen Zeugnissen schließen läßt, hat sich Eva Wipf innerhalb dieser thematischen Gruppe wieder einer anderen Bildsprache bedient. Sie erinnert in ihrer diskreten Verwendung stereometrischer Formen, die durch schwungvolle Linien zusammengefaßt werden, und im sensiblen Spiel verwandter Farbtöne an die Schweizer Variante des Kubismus und an Werke wichtiger Vertreter wie Louis Moilliet (Abb. 10), Alice Bailly und Otto Morach. Weniger in ihrer Motivik als in ihrer traumhaften Stimmung nehmen diese Bilder etwas von der surrealistischen Schaffensphase der Malerin vorweg, die sich zu Beginn der fünfziger Jahre anschließt. Auf dem Bild »Jongleur über dem Abgrund« (siehe S. 44), schieben sich ein Triumphbogen, Pyramiden, ein Wehrturm und andere Gebäude ineinander, bis sie sich verkeilen. Ohne Fundament und ohne Volumen befinden sich diese Bauten in einem merkwürdigen Schwebezustand. Ein dunkler Nachthimmel steht über der Szene und taucht sie in ein undeutliches blaues Licht. Auf der Spitze eines sich verjüngenden und plötzlich abbrechenden, schweifartigen Viadukts sitzt eine kleine Figur über der bodenlosen Tiefe und wirft einen roten Ball, Blickfang und Brennpunkt vieler Linien auf dem Bild, in die Luft. Die Existenz in dieser Welt ist prekär und ungesichert, aber doch von einer wahnwitzigen Leichtigkeit. Diese Städte sind noch nicht zu Ende gebaut, die

Zukunft liegt noch zu ihren Füßen. Schnell waren die damaligen Kunstbeobachter bereit, von »visionären Welten« zu sprechen, die »aus unbewußten Erlebnisschichten« gespeist seien.[6]

Neben diesen spektakulären Bildfindungen wurden die kleinformatigen Gemälde, die unter der Überschrift »Landschaften« zusammengeschlossen waren, fast vergessen. Zu unprätentiös, scheinbar direkt aus der banalen Alltagswirklichkeit geschöpft, sind ihre Motive. Anfangs habe ich einige Werke dieser Gruppe näher beschrieben und darauf hingewiesen, daß sie für die Malerin etwa »Höheres, Geistiges« ausdrücken sollten. Diese kleinformatigen Gemälde sind für mich die kräftigsten Äußerungen einer eigenständigen Begabung im Frühwerk von Eva Wipf. Darauf sind offene, weite Landschaften abgebildet. Daneben entstanden aber auch, getragen von der gleichen expressiven Auffassungsweise, Ölbilder, auf denen ein geschlossener Bezirk das zentrale Motiv ist. »Der Pfarrhausgarten von Buch im Winter« (Abb. 11) mag dafür als Beispiel dienen. Verrust, grauschwarz und rotbraun, ragt die kahle Mauer des verliesartigen Gebäudes in der linken Bildhälfte empor. Nur aus einem Rundfenster im Dachgeschoß dringt mattes Licht. Der Betrachter schaut von einer etwas erhöhten Lage auf den beschneiten Garten, der sich vor und neben dem Haus ausbreitet. Er ist so groß, daß sich ein windzerzauster Baum darin verliert. Wie mit dem Lineal gezogen ist die Grenze dieses geschlossenen Bezirks, ohne dabei eine einfache geometrische Form zu bilden. Eine hohe dicke Mauer trennt den Innenraum vom Außenraum, markiert durch ein rotes Nachbarhaus und einen Hügelzug in der Ferne. Kein Gefühl der Geborgenheit, eher Beklommenheit löst der Blick auf diesen eingefriedeten Ort aus. Lieber ist man draußen auf dem freien Feld verlassen, als hier drinnen allein.

Wir werden sehen, daß sich das Motiv der offenen oder geschlossenen Landschafts- oder Architekturformen auf den Bildern Eva Wipfs während ihrer kurzen, jedoch intensiven surrealistischen Schaffensphase fortsetzt. Diese Werkgruppe beginnt im April 1952 mit Werken wie »Was geht hier vor?«, »Versteinerte Landschaft«, »Zerstörtes Kruzifix« (Abb. 12, 13 und S. 50, 51). Zuvor war die Künstlerin durch schwere persönliche und künstlerische Krisen gegangen, hatte versucht, ihre Eindrücke auf zahlreichen Reisen nach Amsterdam, Paris, Genua oder Braunwald auf die Leinwand umzusetzen. Ein Unterfangen, das sie wenige Jahre später als »total misslungen« bezeichnete. Anders verhielt es sich mit den surrealistischen Bildern, diese pflegte sie auch später in umfassenden Ausstellungen ihres Werkes zu zeigen. Es ist offenkundig, daß die Künstlerin zu Beginn der fünfziger Jahre von einer Wiedergabe der Sinnenwirklichkeit, die von den Betrachtern als abbildhaft verstanden werden konnte, fortstrebte. Zwei Wege waren ihr dabei vorgegeben, der eine führte in Richtung Konstruktivismus, der andere in Richtung Surrealismus (die Flutwelle des Tachismus erreichte die Schweiz erst in der Mitte desselben Jahrzehnts). Der Surrealismus drängte sich für Eva Wipf auf. Er galt als inhaltsbetonter Stil, der angetreten war, die formalen Spielereien zu überwinden. Im Katalog, den das Museum Allerheiligen Schaffhausen 1943 anläßlich der Ausstellung »Abstrakte und surrealistische Kunst in der Schweiz« herausgab, steht: »Der Surrealismus hat den Standpunkt des l'art pour l'art, der sich nach seiner nicht unbegründeten Ansicht in der beständigen Variation einiger weniger Motive zu erschöpfen beginnt, überwunden. Für ihn hat das Kunstwerk wieder einen tieferen Sinn: Eine Weltanschauung zum Ausdruck zu bringen.«

11
Eva Wipf, Pfarrhausgarten in Buch im Winter, 1948/49

12
Eva Wipf, Versteinerte Landschaft, 1952

13
Eva Wipf, Strasse, o. J.

Matthias Vogel

14
Hans Erni, Bios, 1941

15
Eva Wipf, Aus Dantes Hölle II, 1952

16
Eva Wipf, Blühendes Wachstum, o. J.

Der Surrealismus von Eva Wipf ist nicht durch automatistische Experimente, durch das unmittelbare Umsetzen unbewußter Impulse geprägt. Er geht hauptsächlich von der Maltechnik und Gegenstandswelt Salvador Dalís aus, sobald architektonische Strukturen dominieren, ist man auch an Giorgio de Chirico erinnert. Von den Schweizer Vertretern des Surrealismus machte Hans Ernis (Abb. 14) malerisches Werk der vierziger Jahre großen Eindruck auf Eva Wipf. Auffallend ist die Häufung von weiten, verkrusteten Landschaften im Werk von Schweizer Surrealisten im zeitlichen Umfeld des Zweiten Weltkriegs: Walter Kurt Wiemken, Walter Moeschlin, Ernst Maass. Mit Walter Grab, der sich um die Konstruktion eines perspektivischen Bildraums bemühte, verband sie in den fünfziger Jahren eine auf gegenseitige Achtung beruhende Freundschaft. Diesen Vorbildern entsprechend, sind auf den Bildern Eva Wipfs aus dieser Periode Objekte, durch ein dramatisches Licht plastisch modelliert, in einem Landschaftsraum zu sehen, der bei aller Weite immer etwas Bühnenhaftes besitzt. Dort, wo anthropomorphe Formen vorkommen, scheinen sie einem Transformations- oder Zersetzungsprozeß ausgesetzt. Die Unheilstimmung dieser Bilder war für die Malerin offenbar nur mittels menschlicher Restformen einzufangen. Was wir sehen, ist jeweils eine Welt nach der Katastrophe, wobei unklar bleibt, ob durch göttliche oder menschliche Hand verursacht. Daß sich Eva Wipf in den fünfziger Jahren mit der Vorstellung einer atomaren Explosion auch künstlerisch auseinandergesetzt hat, beweist ein Gemälde von 1955 mit dem Titel »Erdkugel nach dem Atomangriff«. Die Künstlerin hat es später übermalt. Eine narrative Form ohne Zweideutigkeiten war zum Erreichen ihrer Wirkabsichten, heftige geistige und emotionale Bewegtheit des Betrachters, ungeeignet. Auf den Bildern, zu denen Eva Wipf durch die Lektüre von Dantes Inferno angeregt wurde, sieht man unter anderem Gebilde, von denen unklar ist, ob es sich um Reste von Holzpuppen oder Baumstrünke handelt, »Aus Dantes Hölle II« (Abb. 15). Es kann kein Zweifel darüber bestehen, daß diese Gebilde modernd oder verwesend einem unaufhaltsamen Zerfall ausgesetzt sind. Dunkel ist der Himmel und dunkel der Boden, der völlig verkrustet keine Frucht mehr tragen wird. Wenn hier etwas wächst, dann sind es Kristallblumen. Der einzige Nährboden in der petrifizierten Welt ist das eigene Herz, aus dem auf dem Bild »Blühendes Wachstum« (Abb. 16) merkwürdige, pinselartige Stengel sprießen.[7] Ansonsten dehnt sich das öde Land – bis zu einem Horizont, dessen grelles und zugleich schwefliges Licht nichts Gutes verheißt: Endzeit. Bis dort, bis ans Ende der Welt ragen auf dem Bild mit dem Motiv aus Dantes Hölle vereinzelte Masten oder kahle Stämme in die Luft, Haltestangen und Mahnfinger einer fehlgeleiteten Welt. Dazwischen scheinen manche Fluchtwege offen, doch Flucht wohin? Auch offenbart die weite Ebene bei näherem Hinsehen ihre Tücken – überall führen Löcher in die Tiefe, klaffen Schlünde gleich gefräßigen Mäulern. Häufig ist die Landschaftsoberfläche in diesen surrealistischen Gemälden aus eisschollenartigen Einzelteilen aufgebaut, die unzusammenhängend auf einem unstabilen Untergrund herumzuschwimmen scheinen. Kein Boden, nirgends. Ein offenes Land ohne Ausweg.

Neben der Darstellung grenzenloser, aber unbewohnbarer Landstriche findet sich in dem surrealistischen Werk der Künstlerin auch die Wiedergabe eingefriedeter Bezirke, ummauerte Terrassen oder Rampen, auf denen sich rätselhafte Vorgänge abspielen, »Das rote Tuch« (Abb. 17). Zwar geht auch hier der Blick hinaus in die verwüstete Landschaft, doch scheinen die architektonischen Elemente des Vordergrunds einen menschlichen Lebensraum zu markieren. Allerdings nur so lange bis man merkt, daß gerade darin Blut fließt und die Flut steigt, Verbrechen und Untergang zu Hause sind: »Die grosse Flut« (siehe S. 48), »Konzentrationslager« (Abb. 18).

Zusammenfassend kann man feststellen, daß die Themen naturnahe Weite und zivilisatorische Nähe das Frühwerk der Künstlerin beherrschen. Beide Vorstellungen haben etwas Verlockendes, offenbaren am Ende jedoch ihr zerstörerisches Potential. Es wäre falsch, die Ursache für den Wunsch nach Ausbruch und die Angst vor den vielen Möglichkeiten, Sehnsucht nach Geborgenheit im überschaubaren Rahmen und Atemnot im umgrenzten Raum, wie sie im Frühwerk von Eva Wipf zum Ausdruck kommen, nur auf die persönliche Situation und psychische Lage der Künstlerin zurückführen zu wollen. Es spiegelt sich darin die Enge der Schweizer Lebensverhältnisse und die zögerliche Öffnung gegenüber fremden Einflüssen in den fünfziger Jahren wieder, auch die bedrohliche Weltlage nach dem Zweiten Weltkrieg und zu Beginn des kalten Krieges. Trotzdem kommen wir nicht umhin, auf den damals herrschenden Zwiespalt im Innern der Malerin hinzuweisen; immer wieder zog es sie in die Welt hinaus, und immer wieder trieb das Heimweh oder sonstiges Unbehagen sie vorzeitig zurück. Im September 1949 schreibt sie in ihr Florentiner Tagebuch: »Tot ist die Vergangenheit und ich möchte nicht mehr nach Schaffhausen zurück. Obwohl ich grenzenloses Heimweh habe.« Fast wahnsinnig geworden durch das Gefühl der Ortlosigkeit, will sie weg von Florenz und kann nicht. Es ist, als sei sie Spielball eines blind und wahllos ablaufenden Wirkgeschehens, das durch sie hindurchgeht oder sie vor sich hertreibt. Sie hat den archimedischen Punkt, von dem aus sie ins Geschehen eingreifen könnte, noch nicht gefunden, das Zentrum oder Fundament einer in sich selbst zu schaffenden Ordnung noch nicht gebaut. Nach dieser Ruhe in sich und aus sich heraus wird ihr Suchen und Sehnen bis zu ihrem Lebensende gehen. Es fällt ihr schwer, sich außerhalb ihres Werkes als Urheberin von Einzeläußerungen und Einzeltaten zu begreifen, die sie sich selbst zurechnet. Selbst ihre künstlerischen Arbeiten muten sie zuweilen wie von fremder Hand gesteuert, uneigentlich, an. Bereits am 20. Oktober 1953 sagt sie sich von ihrer surrealistischen Stilphase los: »Fertig mit Naturalismus und Dalí-Realismus. Ich konnte es ja doch nicht!« Sie malt jedoch noch einige Jahre an den bereits begonnen Bildern weiter und läßt auch in neue Werke gelegentlich surrealistische Stilelemente einfließen.

17
Eva Wipf, Das rote Tuch, 1952

18
Eva Wipf, Konzentrationslager, 1952

Paradiesgarten und Golgatha

1948, ganz am Anfang ihrer Laufbahn, beginnt sich Eva Wipf mit einem Motiv zu befassen, das sie die nächsten fünfzehn Jahre nicht mehr loslassen wird: Golgatha (Abb. 19). Anhand dieser Bildidee kann sie schon recht früh eigene Wege gehen. Wohl angeregt durch mittelalterliche Vorbilder, entwickelte sie allmählich eine unverkennbare Grundform für die biblische Gerichtsstätte. Die Flanken des Hügels steigen aus einer meist waldigen Umgebung senkrecht empor, um in Gipfelnähe – einem Hausgiebel mit stumpfem Neigungswinkel vergleichbar – stark abzuflachen. Die erhaltenen Gemälde, bei denen der kreuzbekrönte Golgathahügel das zentrale Motiv ist, sind zum großen Teil zwischen 1955 und 1961 entstanden. In diesen Jahren hat sie fast unterbrochen die eine oder andere Version von

»Golgatha« auf der Staffelei gehabt, einzelne immer und immer wieder überarbeitet. Es handelt sich meist um Ton in Ton gemalte Bilder, einmal altrosa, einmal blaugrün, wobei sich die Berglandschaft als dunkle Silhouette ohne topographische Binnenstrukturen gegen einen hellen Himmel abhebt (Abb. 20). Dadurch entsteht der Eindruck eines flachen Monuments, eines Grabsteins. Mahnmal eines bereits geschehenen oder eines zukünftigen Unheils ist dies simple Gebilde allemal. Daran ändern auch die Pflanzen und Bäume nichts, die sich als sternförmige oder strichartige Hieroglyphen in den Berghang eingraben, manchmal auch die strenge Umrißform der massigen geologischen Formation durchbrechen und auflockern.

Auf einem Bild mit dem lapidaren Titel »Landschaft« ist die tiefere Bedeutung, die der biblische Berg für Eva Wipf besaß, ablesbar. Hinter einem Gräberfeld, das gleichsam die Friedhofsmauern sprengt und die ganze Ebene, die sich über Vorder- und Mittelgrund des Bildes breitet, ausfüllt, erhebt sich inmitten von pyramidenförmigen kleineren Hügeln Golgatha. Unnahbar und hieratisch reckt sich die göttliche Leidensstätte in den sternenbesäten Himmel, dem die drei zierlichen Kreuze auf seiner Spitze schon anzugehören scheinen. Golgatha ist hier noch in christlicher Tradition Mitte der Erde, Zentrum und Spitze zugleich, Ausgangspunkt der Weltschöpfung und Eingang zum Erdinnern. Es ist die Begräbnisstätte Adams, dessen Weltzeit durch den Kreuztod Christi erfüllt ist. Nichts auf dem Gemälde deutet jedoch darauf hin, daß der Kalvarienberg, Ort der Passion, auch Quelle für die zukünftige Erlösung der Menschheit ist. Keine Paradiesflüsse ergießen sich von der Höhe in die Ebene. Niemand ist da, der die frohe Botschaft hören und verstehen könnte, die offenbar auf den Hängen der Hügel mit deutlichen Zeichen niedergelegt ist. Der Tod des Einen hat nicht zu einer Überwindung des Todes, sondern zu seinem Triumph geführt. Golgatha taucht im Werk von Eva Wipf überall dort auf, wo das Prinzip des Todes und der Vernichtung über die aufbauenden und lebensspendenden Kräfte den Sieg davonzutragen droht oder bereits davongetragen hat.

Diesem Bildmotiv steht thematisch das der Paradiesgärten gegenüber. Bereits 1952 finden sich im provisorischen Werkverzeichnis der Künstlerin Titel wie »Lamm im Garten« und »Baumberg«, die später wiederkehren und zur Paradiesmotivik zu rechnen sind. Am intensivsten arbeitete Eva Wipf jedoch an dieser Werkgruppe in der zweiten Hälfte der fünfziger und zu Beginn der sechziger Jahre – also zur gleichen Zeit wie an den diversen Varianten des »Golgathahügels«. Die Paradiesgärten der Malerin können in einem von Türmen und Mauern begrenzten Architekturraum liegen (siehe S. 53), sie können sich am Rande einer Stadt oder zu Füßen einer bewaldeten Hügelkette ausdehnen (siehe S. 52 und 54). In mittelalterlicher Tradition handelt es sich nie um Orte des wuchernden oder überquellenden vegetativen Lebens – Ordnung ist ihr vorherrschendes Prinzip. Das denkbare Paradies des brasilianischen Urwalds klingt nirgends an, eher wird man an die abgezirkelte Strenge des Pfarrhausgartens in Buch erinnert. Eine Mauer, die mindestens bis zur Brusthöhe reicht, gibt die Grenze zwischen dem Garten und dem etwas freier sich entfaltenden Außenraum an. Somit wird das Motiv des geschlossenen Bezirks, das wir vom Frühwerk her kennen, hier fortgeführt. Diese Gärten, von Eva Wipf selbst nur selten als »Paradiesgärtlein« betitelt, sind auf der Grundlage der mittelalterlichen Vorstellung vom Hortus conclusus nach dem Vorbild barocker Anlagen gebildet. Neben

19
Eva Wipf, Golgatha, um 1955–1961

20
Eva Wipf, Golgatha, um 1957

den herrschaftlichen Gärten kommt im Werk der Künstlerin eine eher rustikale Abart vor, die an Schweizer Bauerngärten erinnert. Nach dem Gesagten versteht man, daß nur in Ausnahmefällen Bäume, deren Krone dann immer kugelrund geschnitten ist, im Innern der Ummauerung anzutreffen sind. Großenteils handelt es sich um reine Blumengärten – Rosengärten womöglich. Sie sind aus der geometrischen Grundform des Quadrats entwickelt, häufig um einen zentralen Brunnen herum. Die Wege, wie mit dem Lineal gezogen, verlaufen meist parallel zu den Außenmauern. Sie sind konzentrisch um eine tatsächliche oder imaginäre Mitte gelegt. Es ist ein altbewährtes Mittel, daß Menschen dem Heimatschwund entgegenwirken, indem sie die Ausdehnung des Lebensortes schrumpfen lassen und den verbleibenden Raum um eine feste Mitte gestalten.[8]

Zwiespältig ist die Ausstrahlung dieser gemalten Gärten; in den überschaubaren, abgezirkelten Räumen läßt sich möglicherweise Frieden finden, die Gefahr der Behinderung der Entfaltungsmöglichkeiten, der völligen Erstarrung, ist gleichzeitig jedoch groß. Diese Paradiese sind nicht dafür geschaffen, daß der Betrachter sie in Gedanken betritt und darin lustwandelt. Die auf die Leinwand gebannten Landschaftsstrukturen sprechen mit Hilfe eines recht eingeschränkten Zeichensystems[9]. Sie zeigen uns etwas, ohne es genau zu spezifizieren. Denn innerhalb dieser Sprache gibt es nur wenig Übereinkünfte über die Bedeutung, jeder einzelne muß sie sich selbst erscheinen lassen. Die Gärten der Eva Wipf reden für mich bei aller Kargheit von der Fülle. Ohne Zutun von außen sind sie ein Ganzes. Sie sind zu ihrem Dasein auf niemanden und nichts angewiesen. C. G. Jung sprach bei der Analyse von vergleichbaren bildhaften Strukturen vom Temenos, Symbol der Zusammenfassung des Vielen zum Einen. Der Temenos ist ein Tabubezirk, innerhalb dessen das »in Teilaspekte aufgespaltene Ereignis, das sich Mensch nennt« zu einer Einheit findet. Eine solche Vereinigung im psychischen Bereich ist nach C. G. Jung notwendig (Abb. 21), denn nur die geeinte Persönlichkeit ist fähig, Leben zu erfahren.[10] Der Tabubezirk des Temenos ist in der Regel viereckig, manchmal auch rund. Jung widerspricht der Auffassung Freuds, es handle sich dabei um ein Symbol des Mutterschoßes, in dem sich der Ritus der Regression zum Inzest vollziehe. In diesen symbolischen Formen zeigten sich keine »pervertierten Kinderwünsche«, vielmehr seien sie Mittel zur Einübung ins Erwachsensein.[11] Eine vergleichbare tiefere Bedeutungsschicht läßt sich auch hinter den Gartendarstellungen Eva Wipfs vermuten. Es geht um die Vergewisserung der eigenen Person als einer unveräußerlichen Einheit. Einer solchen Deutung steht auch die Tatsache nicht entgegen, daß diese Gärten, wenn überhaupt, von einem Lamm oder einem Kind, meist einem Krippenkind, bevölkert werden (Abb. 22 und S. 49). Neben der christlichen Heilssymbolik, die diesen Figuren unweigerlich anhaftet,[12] besitzt besonders das Kind, das immer einen Ball oder eine Kugel zwischen den Händen hält, weiteren Sinn. Die goldne Kugel kann als Ganzheits- und Sonnensymbol betrachtet werden, das dem im Kind verkörperten neuen Leben den Stempel aufdrückt. Als Zeichen der Hoffnung kommt das Kind in der Krippe, manchmal bezeichnete es die Künstlerin explizit als »Jesuskind«, inmitten einer vom Krieg zerstörten Stadt zu liegen: »Krippenkind in der Ruinenstadt« von 1955.

Temenos und Mandala, Quadrate oder Kreise, die man besonders im Lamaismus als Mittel zur Meditation verwendet, zeigen Ähnlichkeiten bezüglich ihrer Form und Bedeutung. Die Binnenstruktur eines Mandalas ist

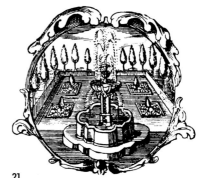

21
Zur Themenossymbolik, Boschius, Symbolographia (1702). Der Brunnen im ummauerten Garten bedeutet »constantia in adversis« (Beständigkeit unter widrigen Umständen).

22
Eva Wipf, Das Lamm, 1958

Matthias Vogel

konzentrisch angeordnet. Da es sich auf ganz bestimmte Situationen bezieht, ist jedes Mandala von individueller Gestalt, wobei nicht das fertige Produkt, sondern der Schaffensakt von Bedeutung ist. In diesem Sinne kann man in Eva Wipfs Paradiesbildern eine Form der Suche nach sich selbst, nach Reinigung und Klärung sehen. Die geistigen und seelischen Spannungen sollten wenigstens im Augenblick der Entstehung dieser Werke zur Ruhe kommen. In ihren Schreinen und Miniaturen wird die Künstlerin Jahre später auf das Mandala als Mittel der Meditation und Selbstzentrierung zurückgreifen.

Es liegt nahe, die zahlreichen Bilder von Bäumen, Baumgärten und »Baumbergen«, Motive, mit denen sich Eva Wipf seit 1953 einige Jahre intensiv beschäftigte, gleichfalls der eben besprochenen Paradiesthematik zuzurechnen. Dabei ist allerdings Vorsicht geboten. Nur in den wenigen Fällen, da ein zentraler Baum innerhalb einer ummauerten Gartenanlage steht, »Blauer Baum«, darf man eine bedeutungsmäßige Überlappung dieser beiden Motivkreise vermuten. Auf der Großzahl der in der Regel querformatigen Bilder verteilen sich die Bäume nach einem nicht leicht zu bestimmenden Gesetz locker in einer zaunlosen Ebene oder sie stehen parallel zum unteren Bildrand mehr oder weniger in Reih und Glied. Es ist nicht mehr möglich, von der Darstellung eines Tabu- und Schutzbereichs im Sinne eines Temenos zu sprechen.

Auf fast allen dieser Bilder wird ein einzelner Baum ausgezeichnet. Er ist den anderen deutlich vorgelagert, nimmt eine zentrale Position ein und durchstößt mit seinem Stamm, zuweilen auch mit seiner Krone, einen inneren gemalten Rahmen, um erst vom Bildrand aufgehalten zu werden. Dadurch wird ganz im Sinne René Magrittes demonstrativ vorgeführt, daß es sich hier um einen gemalten Baum handelt, der mit den Bäumen der Lebenswirklichkeit nichts zu tun hat, darüber hinaus wird der im Ansatz illusionistische Bildraum für den Betrachter zerstört. Der Baum, der verschiedenen Elementen, Erde und Luft, angehört und unterschiedliche Bild- und Realitätsebenen gleichzeitig und nacheinander besitzt, ist so als Zeichen für Entwicklung und Wandlung des Lebendigen, auch des Menschen, definiert. Seine Früchte und Blüten sind die Krönung eines Wachstumsprozesses.[13]

Der Rezipient muß sich damit auseinandersetzen, daß die Hauptakteure auf diesen Gemälden nicht bloß abbildhafte, sondern symbolische Bedeutung haben (Abb. 23 und 24). Diese meist kreisrunden Bäume wirken manchmal mit getupfter Oberfläche wie glitzernde Christbaumkugeln, manchmal, wenn sich die Äste als regelmäßige Binnenstruktur deutlich abzeichnen, erscheinen sie flach. Sie sind dann eher mit Blättern oder Fächern vergleichbar. Nie jedoch würde man in ihnen das Abbild real existierender, vielleicht exotischer Bäume vermuten. Immer geben sie zu erkennen, daß hier die Idee des Baumes schlechthin Bild geworden ist. Handelt es sich gar um die Wiedergabe des Lebensbaums? Um das Symbol des göttlichen ewigen Lebens, aber auch des menschlichen zeitlichen Lebens? Um ein Zeichen für immer wiederkehrendes Wachstum und Fruchtbarkeit oder um ein Zeichen von Vergänglichkeit und Tod? Letzteres wird wohl nur in den seltenen Darstellungen kahler Winterbäume angedeutet. Am nächsten liegt die Vorstellung des kosmischen Baums, die ihren Ursprung im alten Orient hat. Der Baum ist dann Symbol der Weltkugel und – analog zu ihr – ein Mikrokosmos, in dem sich das Weltall spiegelt, »Blaue Bäume unter Nachthimmel« (siehe S. 56). Wie nah verwandt die Zeichen von Baum und

23
Eva Wipf, Baum, o. J.

24
Eva Wipf, Ohne Titel (Baum in Baumlandschaft), o. J.

Gestirn im Werk von Eva Wipf sind, beweisen die beiden Bilder Abb. 24 und S. 56. Auf dem einen Werk ist ein kreisrunder heller Akzent im linken dunklen Himmelsbereich, mittels eines Stammes mit dem Boden verbunden, als Baum gekennzeichnet, auf dem anderen Gemälde besitzt dieses Bildelement keine verbindende Linie oder einen Stamm, es wird zur frei schwebenden Himmelserscheinung. Während das Paradiesgartenmotiv im Werk von Eva Wipf von der Sehnsucht des Ichs nach Einheit im überschaubaren Rahmen, von der Sehnsucht nach sich selbst zeugt, erzählen die Baumbilder, wenn man sie lesen lernt, vom Streben desselben Ichs nach Einbettung in ein übergreifendes Ganzes. Dort wird die bildnerische Vision geprägt von der Suche nach der eigenen Mitte, hier von der Suche nach dem ganz Anderen außerhalb des Subjekts. Es sind dies Spielarten des Themas von Abgeschlossenheit und Entgrenzung, nur sind hier beide Vorstellungen, im Gegensatz zum Frühwerk, ohne einen allzugroßen Beigeschmack von Angst und Bedrohung.

25
Eva Wipf, Ohne Titel (Kleiner Altar), um 1958

Himmelsstadt und Räderwerk

Bei zwei Hauptmotiven des malerischen Werks von Eva Wipf in den sechziger Jahren, der Himmelsstadt und dem Räderwerk, spürt man einen starken Willen zur Synthese. Nähe und Ferne, das Ich und der Kosmos, natürliche und technische Welt türmen sich auf diesen Bildern übereinander, verzahnen sich oder fließen gar ineinander über. Aus Faszination und Schrecken angesichts des Einen und der Differenz, der Vielfalt und Widersprüchlichkeit kreatürlicher und gesellschaftlicher Phänomene scheinen diese Bilder geschaffen.

Schon auf einzelnen Werken, die wir der Paradiesgartenmotivik zurechneten, dominieren die architektonischen Elemente, »Kleiner Altar« (Abb. 25). Durch einen im Vordergrund gemalten Bogengang oder eine Loggia, die mit dem Bildrahmen zu einer Einheit verspannt ist, blicken wir auf einen Barockgarten. Dieser ist durch das emblemartige Schaf eindeutig als Paradiesgarten gekennzeichnet. Begrenzt wird er diesmal durch Hauswände; es handelt sich um eine schlichte und nüchterne modernistische Architektur. Darüber jedoch, auf einem unsichtbaren Fundament, erheben sich die Türme und Zinnen einer Himmelsstadt. Obwohl nur flüchtig angedeutet, erkennt man, daß ihre Bauelemente vielgestaltiger sind als jene der »Unterstadt«. Man muß sich hüten, von einer unteren irdischen und einer oberen himmlischen Stadt zu sprechen. Schon die untere Sphäre entspricht mit Lamm und Paradiesgarten der Vorstellung vom Himmlischen Jerusalem. Dazu gehört auch das Sonnenrad, das stützend an zentraler Stelle in die vordere Säulenreihe eingefügt ist. Hier übt es eine schützende, das Böse abwehrende Funktion aus. Die Potenzierung der Himmelsstädte unterstreicht nur ihre Heiligkeit.

Das Prinzip der Vervielfältigung, des Übereinandertürmens und Verschachtelns bestimmter Architektur- und Landschaftsformen findet sich auch auf Gemälden wie »Blaue Regenbogenlandschaft« oder »Landschaft mit den drei Himmeln«. An Werken wie diesen arbeitete die Künstlerin seit den späten fünfziger Jahren manchmal über mehrere Jahre (Abb. 26). Nach längeren Unterbrechungen nahm sie dieselben Gemälde wieder hervor und legte auf dem Grund der Leinwand Schicht um Schicht, in der Absicht, das Liniengeflecht zu verdichten und die Farben von innen her zum Leuchten zu bringen. Auffallend ist der Wechsel von senkrecht hochstrebenden Form-

26
Eva Wipf, Der Wassergarten, o. J.

Matthias Vogel

27
Lyonel Feininger, Dröbsdorf, 1927

28
Eva Wipf, Himmelsstadt, um 1957

einheiten, massigen Kuben und Halbkugeln, die beidseits von diagonalen lichtkegelartigen Linienbündeln durchstoßen werden. Eine Strukturierung der Leinwand, wie sie die Künstlerin schon 1953/1954 im Triptychon »Selbstporträt mit Malerfreunden Grab und Rückert« (siehe Abb. S. 141) und in der »Sakralen Landschaft« ausprobierte, später jedoch stark verdichtete, so daß die Gemäldeoberfläche einen facettierten und zersplitterten Eindruck macht – wie bei der Lichtspiegelung in einem Kristall. Lyonel Feiningers expressive und gleichzeitig geläuterte Form des Kubismus kommt einem in den Sinn (Abb. 27). Man ist aber auch an die Entwürfe von Architekten wie Bruno Taut, Wassili Luckhardt oder Hans Scharoun erinnert, die sich 1919/20 zur Gruppe »Gläserne Kette« zusammenschlossen. Ihr Vorbild war die gotische Kathedrale, auf deren Grundlage sie einen expressionistischen Baustil entwickelten. Auf dem Papier entstanden Kristallhäuser, -schreine, -kuppeln, die so weit wie möglich aus Glas bestehen sollten. Paul Scheerbart schrieb dazu: »Die Erdoberfläche würde sich sehr verändern, wenn überall die Backsteinarchitektur von der Glasarchitektur verdrängt würde. Es wäre so, als umkleidete sich die Erde mit einem Brillanten- und Emailschmuck. Die Herrlichkeit ist gar nicht auszudenken. Und wir hätten dann auf der Erde überall Köstlicheres als die Gärten aus Tausend und einer Nacht. Wir hätten dann ein Paradies auf der Erde und brauchten nicht sehnsüchtig nach dem Paradiese im Himmel auszuschauen.«[14]

Die Vision Scheerbarts von der diamantenbesetzten Erde scheint auch Eva Wipf bei der Gestaltung eines ihrer Hauptwerke mit dem Motiv der Himmelstadt geleitet zu haben (Abb. 28). Es ist, trotz seiner Reduktion auf Blau- und Goldtöne und dem streng geometrischen Liniennetz, das es gleichmäßig überzieht, von einem expressionistischen, nach außen gerichteten Malduktus geprägt. Ausgehend von einem Paradiesgarten ist auf diesem Gemälde die ganze weite Ebene des Vorder- und Mittelgrunds von einem labyrinthischen Mauersystem durchzogen. Da und dort erheben sich stelenartige Strukturen. Der Vergleich mit anderen Werken der Künstlerin zeigt, daß es sich sowohl um Kathedraltürme wie Hochhäuser handeln kann. Zusätzlich stehen zwei Polyeder auf dieser Ebene. Diese teils durchsichtigen Gehäuse eröffnen den Blick in eine Welt für sich mit Türmen, Bergen und Sternenhimmel. Den Hintergrund der übergeordneten Welt bildet ein Wall von regelmäßigen Dreiecksbergen, auf dessen Kämmen sich gleichfalls Städte ausbreiten. Stadt über den Städten: Himmlisches Jerusalem, Heimstätte der Gerechten und des ewigen Lebens. Davor ist noch ein runder Berg zu sehen, in dessen Innern, wie unter einer Glasglocke, die Andeutung einer Stadtsilhouette erkennbar ist. In einer solchen Verdoppelung und Verschränkung ähnlicher oder identischer Teile werden kosmische Ideen Bild, nach denen die Erde zu größeren Einheiten gehört, die ihrerseits winzige Bestandteile übergreifender Strukturen sind. Die Mikro-Makrowelten der Eva Wipf machen nicht den ungeteilt triumphalen Eindruck jener Stadtvisionen der Architekten um Bruno Taut. Wie die Idee der Unendlichkeit verbreiten sie Zuversicht, aber auch Angst. Daß man unter einer beliebigen Anzahl von Schalen und Gehäusen geborgen ist, vermittelt das Gefühl von Sicherheit, aber auch die beklemmende Ahnung von Kleinheit und Nichtigkeit. Manchmal ist die Bedeutung dieser kristallinen Welten, bar jeder Vegetation, in der Nähe der petrifizierten Landschaften aus der surrealistischen Periode der Künstlerin zu suchen. Bei aller Fähigkeit zur

Ausbreitung und Verdoppelung will es einem vorkommen, als sei die Fülle des Lebens in diesen Stadtlandschaften nicht möglich.

Ein Zeichen der Hoffnung leuchtet in vielen dieser anorganischen Welten, die Eva Wipf immer wieder auf ihre Leinwände brachte: es ist ein kreis- oder kugelförmiges Element, das in jedem Fall blau ist.[15] Kommt sie in einem Paradiesgarten zu stehen oder liegen, könnte man in der Kugel eine Variante der zahlreichen Bäume der Künstlerin sehen. Schaut man jedoch genauer hin, erkennt man, daß in ihrem Innern ebenfalls eine ganze Welt verborgen ist. Sollte es sich dabei um die eigentliche, die wahre Himmelsstadt handeln? Diese Kugel befindet sich nicht immer im Bereich eines Paradiesgartens, manchmal zeigt sie sich inmitten des »Gartens des Albertus Magnus« (Abb. 29) oder anderer Magier (siehe S. 61). Gärten ohne Baum und Blume, die von riesigen, schrolligen oder pyramidalen Kristallen gleich Eisbergen umgeben werden. Bedrohen oder schützen diese scharfkantigen Gebilde den fragil anmutenden Globus der Himmelsstadt? Dieser ist jedoch weniger auf Hilfe angewiesen, als es zunächst den Anschein hat. So behauptet sich der blaue Globus gegen das anstürmende Räderwerk auf dem Bild »Räderlandschaft mit Himmelsstadt« (siehe S. 64), oder er erhebt sich und schwebt in der Luft – »Himmelsstadt über meinem Garten«. Daß es sich bei dem kugeligen Gebilde um einen Himmelskörper handelt, beweist auch der Dreifuß, den er bei der Landung auf der Erde benützt. Man entsinnt sich der Geräte aus den Kinderjahren der Weltraumfahrt, des Sputniks etwa; Dinge, die um 1960, zur Zeit der Entstehung dieser Bilder, die Medien beherrschten. Auch in anderen Motivzusammenhängen, Golgatha oder Baumlandschaft, kann die Sputnikform als kürzelhaftes Zeichen am Himmel erscheinen.

Globusförmige Himmelsstadt oder Weltraumkapsel sind wohl im Zusammenhang von Eva Wipfs lebenslänglichem Gefühl der Erdfremde zu sehen. Sie hatte auf diesem Planeten, der, wie man damals erfuhr, blau ist, nie den Eindruck zu Hause zu sein. Sie glaubte, gegen ihren Willen hier gelandet zu sein. »Ich bin vor 48 Jahren auf diesem Planeten notgelandet. Ich komme von einem andern System und habe Kontakt verloren mit dem Mutterschiff – das Sauerstoffgerät verloren. Immer das Gefühl zu ersticken. An sich hätte ich längst aufgeben sollen. Ich funke immer: mir fehlen die Mittel holt mich zurück.«[16] In diesem Sinnzusammenhang ist die Stadt in der blauen Kugel Symbol für die verlorengeglaubte Heimat, Hoffnungszeichen für eine mögliche Rückkehr. Die verirrte Astronautin findet innerhalb des geschlossenen Gefährts jene Atmosphäre, die sie zum freien Atmen braucht. Auf einen ähnlichen Kontext verweist auch der Vergleich mit dem hermetischen Gefäß (vas hermetis), wie es von Alchemisten verwendet wurde. Allein die Formanalogie würde ihn nahelegen: auf einem Dreifuß erhebt sich ein kugeliger Behälter; als Retorte oder Schmelzofen ist er Wirkursache und Ort der Transformation. Dem Gefäß werden magische Kräfte zugemessen, denn nur mit seiner Hilfe verwandelt sich eine niedere Substanz in eine höhere. Es muß rund sein und den sphärischen Kosmos nachahmen, so können die Gestirne auf die alchemistische Operation Einfluß nehmen. »Es ist eine Art von ‹matrix› respektive ‹uterus›, aus welchem der »filius philosophorum«, der wundersame Stein geboren wird.«[17] Der Ort der Wandlung ist für einen Menschen wie Eva Wipf, der zeitlebens aus den Grenzen seines physischen und psychischen Daseins ausbrechen, sich verändern will, egal wohin, gleichzeitig der Ort der Verheißung und des Heils (siehe S. 57).

29
Eva Wipf, Der Garten des Albertus Magnus, 1962

Matthias Vogel

Die Räder, Räderwerke und Räderlandschaften, die in den sechziger Jahren auf zahlreichen Gemälden Eva Wipfs das Hauptmotiv sind, können zunächst in Opposition zum Hoffnungzeichen der Himmelstadt, ob innerhalb oder außerhalb einer Kugel, gesehen werden. Betrachten wir die Bilder »Räderlandschaft mit Himmelsstadt« oder »Landschaft mit Himmelsstadt«, wird deutlich, daß den Kreis- oder Räderformen im malerischen Werk der Künstlerin etwas durchaus Gefräßiges zukommt (siehe S. 60 und S. 64). Sie scheinen auf diesen Bildern ohne Rücksicht auf andere Formeinheiten expandieren zu wollen. Funktionaler Teil eines technischen oder organischen Ganzen, Maschine oder Leib, sind sie auch dann nicht, wenn ihre Formen an Zahnräder, Wagenräder oder Mühlräder erinnern. Wohl machen sie den Eindruck, als bewegten sie sich, aber ohne inneren Zusammenhang, ganz auf sich bezogen, solipsistisch. Nur auf das eigene Wohlergehen bedacht, kümmern sie sich nicht darum, die sie umgebenden Stangen und Kolben anzutreiben und zielgerichtet fortzubewegen. Eine infernalische Maschinerie, die dem eigenen Untergang entgegentreibt und dabei alles mit ins Verderben zieht, was im Wege steht.[18]

Dort, wo die Räder eher an organische Vorbilder gemahnen, Blumenblüten oder Zellstrukturen, scheinen sie ziellos zu wuchern. Nur das geschlossene Gefäß oder ein breites Farbband, Fluß oder Damm, als klar markierte Grenze, schützt den geordneten Bereich der Himmelsstädte vor einer vollständigen Okkupation. Meist sind jedoch diese Räder, die teils nach dem Vorbild futuristischer Form- und Farbelemente wild um die eigene Achse rotieren, teils in ihrer Bewegung erstarrt sind, weder eindeutig dem Reich der organischen, noch dem der mechanischen Materie zuzuweisen. Für einmal hat die transitorische Natur von Dingen im Werk von Eva Wipf keinen beruhigenden Effekt; sie unterstreicht vielmehr die Macht dieser unbändigen Gebilde.

Aber wie die meisten Motive im Werk von Eva Wipf ist auch das Rad vieldeutig. Es besitzt keine derart einseitig negative Denotation wie eben beschrieben. Beim Bild »Komposition mit den drei Rädern« (Abb. 30), in der Mitte der sechziger Jahre entstanden, greift die Malerin auf die konstruktiven Versuche und die Farbfeldmalerei des Frühwerks zurück. Es entsteht ein vielfach gebrochener und geschichteter Bildraum, wobei hellere und kühlere Blau- und Grüntöne in der oberen Bildhälfte überwiegen, während es in der unteren Hälfte zu einer Konzentration von tiefem Preußischblau und warmer gebrannter Siena kommt: Himmel und Erde. Im oberen Teil des hochrechteckigen Gemäldes ist allerdings auch eine dunklere Fläche, durch die sich die bereits bekannte blaue Kugel bewegt. Diese wird durch die drei ockergelben, ineinandergreifenden Räder im unteren Teil des Bildes kompositorisch stabilisiert, in Balance gehalten. Gegen Ende desselben Jahrzehnts entstand das Gemälde »Räderwerk mit Himmelsstadt«, auf dem das Räderwerk als Folie dient, auf der die Himmelsstadt schweben und von innen her leuchten kann. Es handelt sich um ein geordnetes Gewebe von senkrechten und waagrechten farbigen Bändern und Linien sowie polygonalen und ovalen Formen, die ineinandergreifen und sich stabilisieren: ein Kraftwerk für die fragile kugelige Himmelsstadt.

Verschwiegen sei hier auch nicht, daß die Räderwerke sich manchmal in bunte, lebenssprühende Feuerwerke verwandeln. Umgekehrt können die Bäume anderer Gemälde zu glänzenden Riesenrädern mutieren, übersät mit tausend Lichtern. Zuweilen möchte man diese Gebilde mit dem üppigen

30
Eva Wipf, Blühendes Räderwerk,
um 1965

Blumenwunder eines Herbstgartens vergleichen, »Blühendes Räderwerk« (Abb. 31); dann wieder mit dem ätherischen Sternengefunkel einer Sommernacht, »Traumland«. Plötzlich liegt dann auch wieder der Gedanke an ein Welt- oder Glücksrad nahe, in deren Nabe Lebensprinzipien wie Wollust und Haß sitzen und den Lauf, den Ablauf der menschlichen Existenz, bestimmen. Selbst das kosmische Schöpfungsrad des manichäischen Systems fällt einem ein, das zur Emporhebung der Seele dient. Während das Rad durch die vier Jahreszeiten und die vier Himmelsgegenden gedreht wird, verfeinert und reinigt sich die Seele: eines der zentralen Themen von Eva Wipf. Erwähnt sei auch die Beobachtung, daß im Werk von Marcel Duchamp das Rad und die Kreisformen dominieren, als er beginnt, sich mit esoterischem und okkultistischem Gedankengut auseinanderzusetzen. Die Idee der vierten Dimension ist in diesem Zusammenhang gleichfalls wichtig. Bewegt sich das Rad genügend schnell, wird es unsichtbar, der Raum wird jedoch an dieser Stelle undurchdringbar, er verändert seine Struktur. Das Rad ist dann Ursache für die räumliche und materielle Transmutation.[19]

31
Eva Wipf, Blühendes Räderwerk, um 1965

Christusbild und Selbstbild

Ein einzelner oder mehrere Märtyrer sind das Hauptmotiv auf Gemälden, an denen Eva Wipf in den Jahren 1962 und 1963 arbeitet. Spätestens hier beweisen die Räder im Werk der Künstlerin ihre zerstörerische Kraft. Auch wenn sie immer noch zuweilen wundersam leuchten oder sonnengleich strahlen, können sie nicht mehr darüber hinwegtäuschen, daß sie zuallererst Folterinstrumente sind. So drehen sie sich munter inmitten einer wimpelgeschmückten Budenstadt, Teil der Wahnsinnsanstalt genannt Zivilisation, »Irrenhaus« (Abb. 32). Auf einem rötlich brandigen Grund liegt ein manchmal helles, meist jedoch schwarzes Liniengespinst, das sich im Bereich der Räder zu einem engmaschigen Netz verdichtet. Es erinnert entfernt an tachistische Bilder, die gelegentlich gleichfalls eine Spannung zwischen Farbfeldmalerei und kalligraphischen Einheiten herzustellen vermögen. Nur wollen sich die Linien auf den Bildern Eva Wipfs, die noch diagonal und kreuz und quer stehen, immer wieder nach dem senkrechten oder waagerechten Bildrand ausrichten, eine Gitterstruktur bilden. Auch lösen sich aus dem Gebrodel oft abbildhafte Gestalten. Dabei verschafft erst ein gemalter weißer Rahmen, der das rote innere Feld umgibt, einzelnen Zeichen, Wimpeln, Masten und Pfeilen, zur klaren Lesbarkeit. Wieder distanziert sich die Malerin von der explosiven Innenwelt. Sie wird als inszeniert und nicht als Ausfluß psychischer Befindlichkeit dargestellt. Das von der Künstlerin veranstaltete Chaos hat nichts lustvoll Erlösendes. Die Diskrepanz zwischen Wunsch und Wirklichkeit spannt diese Leinwände und droht sie zu zerreißen. Das wildgewordene Gewimmel darauf muß sich weiterdrehen, egal ob dazwischen (in der linken Bildhälfte) an Masten und Stangen Figuren in Kreuzhaltung fixiert sind. Ihre Nimben sind Lichtkreise im düstern Gewirr, diese verlieren in der rechten Bildhälfte ihre Sakralität und werden zu hellen Laternen. Ist das Opfer der Märtyrer im großen ganzen auch vergebens – es wird sich an der schmerzvollen Verknäuelung der Welt nichts ändern –, so pflanzt sich von ihrer Tat doch eine Lichterstafette fort.

Aus dem Provisorium des Mastenwaldes oder der Zeltstadt wird auf einem anderen Gemälde aus derselben Reihe »Die Heiligen sind gefangen« (siehe S. 63) eine als Lunapark wohlorganisierte Welt. Die Räder treiben nun die Maschinen der Vergnügungsindustrie an: Riesenrad und Achterbahn. Wie-

Matthias Vogel

der sind die Märtyrer nicht zwischen ihre Speichen geflochten, sondern als Nachfolger Christi in Kreuzeshaltung darauf befestigt. Die Drehbewegung bringt es mit sich, daß sie einmal mit dem Kopf nach oben, ein anderes Mal kopfüber dort hängen. Auch auf diesem Bild deutet nichts auf Veränderung der Zustände oder gar Erlösung durch die aufopfernde Tat der Märtyrer hin; vielmehr scheinen die Fähnchen, die auf den Hügeln des Hintergrunds wehen, ihnen hohnzulachen. Die Künstlerin hat das Thema auf dem Gemälde »Märtyrer II« (siehe S. 65) noch weiterentwickelt. Hier ergeht es dem einzelnen, an die uhrwerkartige Rädermaschinerie geschlagenen Heiligen insofern besser, als sich über und hinter den Rädern, unangetastet von ihrem rasselnden und mörderischen Treiben, verheißungsvoll eine wunderschöne Paradieslandschaft ausbreitet – mit Garten und obligatem Springbrunnen. Sollte dort auf den Sterbenden das ewige Leben warten? Eine solche Interpretation mag doch etwas voreilig anmuten. Beim näheren Hinsehen bemerkt man, daß die Farbigkeit von Räder- und Paradieslandschaft identisch ist – fade Grün- und Blautöne behaupten sich schwach gegen das kräftige Braun und Rostrot –, daß gewisse Formstrukturen sich da wie dort wiederholen. Sollte der Unterschied gar nicht so groß sein und mit dem Lauf des Rades das Paradies sich wieder ins Chaos auflösen? Die Imitatio Christi, das Leiden am Kreuz, wäre dann auch in diesem Fall umsonst gewesen. In der künstlerischen Welt Eva Wipfs wird für sich und als Selbstzweck gelitten. Bei der Behandlung ihrer Schreine werden wir sehen, daß selbst der gekreuzigte Gottessohn unerlöst und niemand erlösend zwischen den Schraubstöcken der von Menschen ausgeheckten Grausamkeiten vegetiert und Ikarus, ans Rad geflochten, immer und immer wieder zu seinem Sturzflug ansetzt. In einer solchen Welt ist das Paradies für alle Zeit verloren. In der Gegenwart, so die nahezu eindeutige Botschaft der Künstlerin, in der fehlgeleiteten Zivilisation fängt die Passion Christi und all derer, die in seiner Nachfolge stehen und durch den Einsatz ihres Lebens etwas ändern wollen, erst richtig an, und sie wird nicht so bald enden.

Während der Psychoanalyse wurde sich Eva Wipf ihrer starken Identifikation mit Christus bewußt. Sie erlebte kurze Glücksmomente, wenn sie pantheistische Visionen hatte und sich dann als übergreifendes göttliches Ganzes erlebte: »Alles ist gut, alles ist Gott. Auch ich bin ein Teil, ein Gottesteilchen, ein kleiner Gott. Wovor sollte ich mich fürchten?« Auf dem Hintergrund solcher psychischer Verhaltensmuster kann man in dem Bild der Märtyrer und Gekreuzigten im Werk der Künstlerin aus den sechziger und siebziger Jahren Selbstdarstellungen sehen. Vorsichtiger ausgedrückt: in der Wiedergabe klagloser Opfer im Werk von Eva Wipf wird eine Form der Selbstvergewisserung manifest. Ein Vorgang, der nie nur annähernd zu seinem Ende kam, denn die gesichtslosen und selbstlosen Märtyrer blieben immer auch gleichbedeutend mit dem Fremden. Die den Opfertod erduldenden Märtyrer befinden sich auf einem geradlinigen Weg, den zu gehen, sich die Künstlerin nur vorübergehend zutraute. Während diese einfältig waren, nahm die Malerin in sich eine unüberschaubare Vielfalt wahr. Dies führte dazu, daß sie sich im einen Augenblick mit Christus, im anderen mit Luzifer, dem gefallenen Engel, identifizierte. Der Zwiespalt war besonders groß, wenn die Schuldgefühle überhand nahmen, sie sich der Selbstsucht und der Liebesunfähigkeit bezichtigte. Am 8. August 1961 finden wir in ihrem Tagebuch die Eintragung: »Vollgefressen, meine Figur ist wie ein Symbol. Heimlichfeiss – in jeder Beziehung. Mit niemandem teilen, alles für

32
Eva Wipf, Irrenhaus, um 1964

sich.« Manchmal nehmen solche Selbstanklagen Formen jenes Phänomens an, das Sigmund Freud als »moralischen Masochismus« bezeichnet hat.[20] Das Leiden an sich wird erstrebenswert. Es ist nicht mit einem Erlösungsgestus verbunden. Der Destruktionstrieb hat sich nach innen gewendet. Das Über-Ich, das durch das Gewissen wirksam ist, kann dann hart, grausam, unerbittlich gegen das sonst von ihm behütete Ich wüten. Dieses schützt sich in diesen Augenblicken dadurch, daß es sich nach außen in andere archetypische Gestalten projiziert: Christus oder Luzifer.

Die psychischen Mechanismen der Projektion führen dazu, daß sich Eva Wipf in den späteren Schaffensphasen mit ihrer Person auseinandersetzt, ohne Abbilder der äußeren Erscheinung anzufertigen. Dabei schien es in ihrem Frühwerk so, als werde das Selbstporträt zu einer wichtigen Gattung innerhalb ihres Schaffens. Eines der frühsten erhaltenen Werke, von der Künstlerin selbst ins Jahre 1946 datiert, ist ein Selbstbildnis (Abb. 33). Gäbe es nicht den Bildtitel, könnte man die Person, die entspannt vor einer Staffelei sitzt, nicht identifizieren. Sie trägt Männerkleider und das Gesicht ist nur durch eine ovalen hellen Farbakzent angedeutet. Das Werk ist ein Bekenntnis zum Malerberuf. In der Kleidung, die auf diesem Bild gleichsam die Hauptrolle spielt, eine Auseinandersetzung mit der Sexualität und dem eigenen Geschlecht zu sehen, ist gewagt. Vielmehr ist sie Zeichen für den Willen der jungen Frau, einen Beruf zu wählen, der als Männerdomäne galt. Von der Auseinandersetzung mit Berufskollegen zeugt auch das bedeutendste Selbstbildnis der Künstlerin »Triptychon mit Malerfreunden Grab und Rückert« (siehe Abb. S. 141). An ihm arbeitete sie in den Jahren 1953/1954 intensiv. Das Gemälde steht für den Wechsel von der surrealistischen Periode zu jener Schaffensphase, in der die Motive des Paradiesgartens und der Paradiesstadt an Bedeutung gewinnen. Jeder der drei Personen, jeweils im Brustbild wiedergegeben, beherrscht eine eigene Tafel; die Frau nimmt die mittlere ein, während die Männer von den Seitenflügeln her auf sie bezogen sind. Der landschaftliche Bildhintergrund mit stark narrativem und kommentierendem Charakter ist durchgehend gemalt, kümmert sich nicht um die internen Bildgrenzen. Im oberen Bereich vollzieht sich mittels diagonal gezeichneter Wolkenbänder eine Aufwärtsbewegung von links nach rechts, die dem Übergang von irdischen oder höllischen Sphären zu himmlischen gleichkommt. Rückert, als Künstler schwer faßbar, ist dabei den Paradiesmotiven zugeordnet. In den Lüften schweben gar schalmeienblasende Engel; Figuren, die sonst im Werk der Malerin nicht vorkommen. Dementsprechend die korrekte Haltung des Malerfreunds, der mit steifem Stehkragen und Schlips einem lutherischen Pfarrer ähnelt. Auf dem Triptychon erscheint als Kontrast dazu Walter Grab, dem Eva Wipf besonders zu Beginn ihrer Zürcher Jahre – also in der Entstehungszeit dieses Werkes – nahestand. Lässig den Schal um den Hals geschlungen, mit dunkler Brille, die Lippen, von Barthaaren umrahmt, zum ironischen Lächeln geschürzt, entspricht er dem Bild eines Bohemien. Eine dunkle Stadtlandschaft erhebt sich hinter ihm, er braucht kein Licht, denn er brennt von innen. Flammen schlagen aus dem offengelegten Innern des Schädels. Eva Wipf selbst steht offensichtlich zwischen den beiden Künstlertypen. Sie sucht als einzige Figur den Kontakt mit dem Betrachter und sie sucht die Synthese. Als ein Mensch, der seine eigene Existenz zum Kunstwerk erklärt, will sie sich offenbar nicht für eine bestimmte Form des Lebens und Schaffens entscheiden, sondern alles in ihrer Sphäre, in sich, vereinigen: den Paradiesgarten mit Golgatha,

33
Eva Wipf, Selbstbildnis, 1946

Matthias Vogel

den Gekreuzigten und die Madonna mit dem Kind. »Bilder sind Stufen. Teile zu einem einzigen grossen Kunstwerk, das ich wahrhaft vollenden möchte: Mein Leben«, steht schon im Florentiner Tagebuch von Eva Wipf aus dem Jahre 1949.

Madonnen und Generäle

Winzig klein, jedoch an prominenter Stelle thront die Madonna mit Kind schon im eben erwähnten Werk »Triptychon mit Malerfreunden«. Sie befindet sich auf dem Königsweg, der über die Brust der Künstlerin auf dem Bild hinwegzieht, bevor er durch den Paradiesgarten des Hintergrunds führt und schließlich durch eine helle Pforte ins offene weite Land überleitet. Darüber, in der selben Achse, strahlt der goldne Ball der Sonne; nicht weit davon droht der dunkle Golgathahügel. Trotzdem geht von den meisten Madonnengemälden Eva Wipfs eine beruhigende Wirkung aus, fast eine Heilsgewißheit. Der größte Teil der Werkgruppe entstand Mitte der fünfziger Jahre. Sie gehören alle zum weiteren Themenkreis des Paradiesgartens. Die wesentlichste Funktion der Mutter Gottes ist es dann auch, sich nahtlos in die landschaftliche Umgebung einzufügen, wie der Blick auf eines der Hauptwerke mit dieser Thematik (Abb. 34) beweist. Die Künstlerin folgt bei der Darstellung der Madonna mit Kind jeweils dem Gnadenbildtypus »Sedes Sapientiae«, von romanischen Bildwerken her bekannt. Die hieratische Haltung der Figur und ihre frontale Stellung zum Betrachter lassen sie flach erscheinen. Dies erlaubt der Malerin, ihre Zeichenhaftigkeit zu betonen. Formen wie die hochaufgeschossene flache Gestalt der Madonna finden sich auch in ihrem Umfeld, dort deuten sie Torbogen, Türme oder Baumstämme an. Die Weltkugel im Schoß des Kindes, sein Kopf und der Kopf der Mutter stellen eine Abfolge von Kreisformen dar, die bei Rundfenstern und Baumkronen des Paradieses ihr Echo finden. Alles steht mit allem in dieser Welt in einem Zusammenhang, nichts ist ausgestoßen, nichts besonders ausgezeichnet.

Man könnte postulieren, daß im Werk von Eva Wipf die Figur des Generals den Gegenpol zur Madonna darstellt. Unangefochten von anderen abbildhaften Elementen füllen diese menschenähnlichen Monster die großen Leinwände ganz allein aus, ja sie stoßen mit ihren Extremitäten nicht selten darüber hinaus. Doch es ist nur eine kurze Phase im Schaffen der Künstlerin, während der sie die überlebensgroßen Gestalten in die Grenzen ihrer Leinwände zwängt – kurz vor und nach der großen Ausstellung im Strauhof Zürich im Jahre 1965. Posieren können diese Kriegshelden nicht; breitschultrig pflanzen sie sich gegenüber den Betrachtern auf, das Gewicht gleichmäßig auf beide Beine verteilt, »Generalissimus« (siehe S. 66), oder sie staksen unbeholfen durch den Bildraum, »Ruhmreicher Robotergeneral« (siehe S. 67). Nichts weist darauf hin, daß die rechteckigen Farbbänder, die für die Gliedmaßen stehen, das gittrige Geflecht von Linien und Klecksen, das die übrige Uniform andeutet, ein organisches Ganzes, einen Körper umschließen. Plastisch wirken die Riesengestalten nicht, auch wenn sie sehr pastos gemalt sind, einzelne Knöpfe und Orden fast reliefartig hervorstehen. Der Vergleich mit menschenähnlichen Figuren Jean Dubuffets, »Volonté de puissance« etwa, ist möglich, dort sind allerdings Kieselsteine und andere fremde Materialien in die Farbmasse integriert. Dubuffets und Eva Wipfs Gestalten wirken weniger wie Menschen, mehr wie archaische Kultobjekte, die, selbst erschreckend, allein durch ihre Präsenz die bösen Mächte

34
Eva Wipf, Madonna mit Kind (Weihnachten), um 1957

27

abwehren können. Im Werk von Enrico Baj spielt das Motiv des Generals (Abb. 35) in den sechziger Jahren gleichfalls eine große Rolle.[21] Über die Brutalität dieser Generäle, die nicht zuletzt in der Malträtierung der Malmaterialien zum Ausdruck kommt, und Monstrosität, hinter der sich auch eine sakrale Komponente verbirgt, schrieb Jean Baudrillard: »La monstruosité, la matière brute et le travail des signes de la monstruosité, dépassent de loin la figure historique des généraux fascistes, et le travail monstrueux lui-même de la peinture dépasse de loin l'objectif social, historique, de désignation ou de dénonciation qu'elle peut se fixer. [...] la brutalité historique des généraux qui, en soi, n'intéresse que l'esprit et qui, en soi, n'est pas monstrueuse (car la monstruosité n'est pas la simple brutalité ou la simple violence: elle a un caractère sacré) est ici transmuée en une brutalité de la peinture, en une brutalité des signes eux-mêmes (ou de la réverbération d'une matière dans le miroir grotesque des signes) que, seule, la peinture peut opérer.«[22]

Malweise und Gegenständlichkeit der Generalsfiguren Eva Wipfs haben etwas Erschreckendes und Abstoßendes. Sie wirken, als seien sie aus einzelnen Prothesen zusammengeschraubt. Alles macht einen zusammengestückelten und mechanischen Eindruck. Dolche gehen fließend in Arme über, Schwerter dienen als drittes Bein, Augen werden zu glitzernden Diamanten. Da erstaunt es nicht, daß dort, wo man Zeichen für den Kopf, für die Krönung menschlicher Leistungsfähigkeit erwartet, kugelförmige oder kistenartige Objekte erscheinen. Das einzige Belebende an diesen Kriegern sind die zahlreichen Orden, die gleich kleinen Sonnen die ganze Uniform übersäen und auch an der Kopfregion angebracht sind, »Robotergeneral gibt das Zeichen zum Angriff« (Abb. 36). Unter solchen Umständen ist es konsequent, daß die Künstlerin in ihrem malerischen Werk keine klare Grenze zwischen dem Motiv der Generäle und dem der Räderwerke zieht. So wie die Generäle die Brutalität dumpf und unermüdlich vor sich hinstampfender Maschinen besitzen, so können Räderwerke anthropomorphe Umrißformen annehmen und dann als »Figur II« bezeichnet werden.

Autoritätsfiguren haben in ihrer Machtfülle zeitlebens eine große Faszination auf Eva Wipf ausgeübt. In der Literatur, in der Porträtmalerei und im Film spürte sie der Person Napoleons nach.[23] Freunde und sie selbst haben eine gewisse äußerliche Ähnlichkeit zwischen dem kleingewachsenen Kaiser und der Malerin konstatiert. Gelegentlich hat sie das, was der Feldherr verkörperte, Größe und Unerbittlichkeit, auch in ihr Werk umzusetzen versucht. Daß sich hinter den Autoritätspersonen auch die Figur des Vaters verbirgt, davon kündet die lange Auseinandersetzung der Künstlerin mit dem Motiv des »Grossen Königs« (Abb. 37).[24] Der König ist in diesem Schaffen Pendant zum gleichfalls zum Emblem erstarrten mütterlichen Madonnenbild. Jeweils in Form einer stelenartig gelängten Sitzfigur wiedergegeben, repräsentiert die isolierte Gestalt des Königs auf den Bildern eine Macht, die sich allein durch die äußeren Würdezeichen legitimiert. Im Gegensatz zu den sonstigen Menschen müssen die Väter/Könige ihre Vormachtstellung nicht durch ihr Handeln rechtfertigen. Darin besteht das Ärgernis, aber auch das Verlockende solcher Figuren, sie können sein und wirken, ohne alles und jedes vor übergeordneten Autoritäten zu verantworten. Eva Wipf hingegen war als Mensch und Künstlerin dauernd getrieben von den Erwartungen und Forderungen maßgebender Instanzen – der Vater, die Gesellschaft, die eigene innere Stimme. Sie hatte das Gefühl, ihnen nie genügen zu können.

35
Enrico Baj, General gibt das Zeichen zum Angriff, 1961

36
Eva Wipf, Robotergeneral gibt das Signal zum Angriff, 1965

Matthias Vogel

Die Schreine: Opus magnum und alchymicum

Die letzten Jahre ihres Lebens standen altarartige Schreine oder einfache Kasten und Kisten, die sie mit vorgefundenen Materialien füllte und bemalte, im Mittelpunkt von Eva Wipfs Arbeit. Unzweifelhaft hatte sie damit die ihr entsprechende Ausdruckform gefunden. Besonders in den siebziger Jahren entstand auf diese Weise eine große Menge kleiner Welten. Die besten davon krönen das Schaffen der Künstlerin, sie sind ein bedeutender Beitrag zur Objektkunst in der Schweiz.

Eva Wipf, die glaubte zur Malerin berufen zu sein, fand zögernd zum plastischen Schaffen. Nachdem sie ihre Künstlerlaufbahn als Autodidaktin begonnen hatte, bestand ihre ganze Ausbildung darin, daß sie Adolf Dietrich und anderen Malerkollegen, die nota bene selten eine fundierte Schulung besaßen, über die Schulter schaute. Bestehende Lücken versuchte sie durch die Lektüre von Handbüchern zur Maltechnik zu stopfen. Während angeblicher Studienaufenthalte in Florenz, Amsterdam und Paris am Ende der vierziger und Anfang der fünfziger Jahre besuchte Eva Wipf wohl die Museen, nicht jedoch Kunstschulen. Trotzdem gelangte sie schon in ihrer surrealistischen Periode 1952/1953 zu einer recht ausgefeilten Technik. Sie vermied dabei eine Primamalerei und die Verwendung reiner Farben, wie sie seit dem Impressionismus geläufig war. Da sie dem Vorbild Dalís und de Chiricos folgte, bevorzugte sie eine eher altmeisterliche Maltechnik und legte lasierend eine dünne Pigmentschicht über die andere, bevor sie ein Gemälde als vollendet erklärte.

Seit der Mitte der fünfziger Jahre mehren sich die Anzeichen dafür, daß sie mit dem Malen an sich in eine Krise geraten war. Sie hofft, einen Ausweg daraus zu finden, indem sie sich der Collage-Technik zuwendet. Tagelang macht sie nichts anderes, als »Heftli-Bilder« aus Life, Times, Schweizer Illustrierte auszuschneiden. Bis in die siebziger Jahre hinein stellt sie periodisch, nach langen Unterbrechungen, jeweils eine ganze Serie Collagen her. Ein weiteres Zeichen dafür, daß sich Eva Wipf allmählich von der überkommenen Gattung der Leinwandmalerei lösen will, sind die maltechnischen Experimente in der zweiten Hälfte der fünfziger Jahre. Sie beginnt Ei-Tempera mit Dispersion oder Öl- mit Aquarellfarben zu mischen. Versuche mit Karosserie-Leim enden in einer »grossen Schmiererei«. Bereits 1960 ist in den Tagebüchern der Künstlerin von »Plastik-Collagen-Material«, das sie gesammelt und durchgesehen hat, die Rede. Gelegentlich verzweifelt sie an ihrem »dilletantischen« Umgang mit den traditionellen Malmitteln, bezeichnet jedoch gleichzeitig die Ölfarbe als ein »niedriges Material«, ungeeignet, ihre geistig psychischen Visionen sichtbar zu machen. 1960 möchte Eva Wipf mittels eines Drahtgeflechts ihren Bildern eine dritte Dimension anfügen. Im folgenden Jahr kommen Materialien wie Gips und Sägemehl hinzu, auch Nägel verwendet sie häufig – es entstehen mehrere Material- oder Reliefbilder. Seit 1962 entdeckt die Künstlerin ihre Faszination für Votivmalerei, gelegentlich ersteht sie beim Kunsthändler Dietrich in Zürich ein Ex Voto. Diese werden bei ihren frühen Schreinen von Bedeutung sein. Im Jahre 1964 beginnt sie im Brockenhaus Zürich im großen Stil die verschiedensten Objekte einzukaufen: »Silberne Erdkugel, Teesiebe, Spitzenvorhänge«. Anfang 1965 berichtet die Künstlerin davon, daß sie einen »Brockenhaus-Kasten« mit »mystischen blauen Bildern« anzumalen begonnen habe. Im Mai desselben Jahres, in der großen Ausstellung im Strauhof Zürich, wird der »Blaue Schrein« dem Publikum vorgestellt. 1966

37
Eva Wipf,
Denkmal für einen König,
1954

beginnt Eva Wipf intensiv an den »Kästen« zu arbeiten, schubweise zunächst. Die Zeit, die sie für ihr malerisches Schaffen aufwendet, überwiegt bis zu Beginn der siebziger Jahre. Erst in den letzten Jahren ihres Lebens konzentriert sie sich auf die Produktion der Objekte.

Die Schreine und Kästen Eva Wipfs lassen sich nach Gestalt, Inhalt oder Funktion in einzelne Gruppen einteilen. Zu Beginn ihrer Tätigkeit als Objektkünstlerin hat sie selber von Ex Voto-, Alchemisten- oder Meditations-Schreinen gesprochen. Weitere Einteilungen sind möglich, man könnte von Sternen- oder Himmelsschreinen, Denkmälern und Altären oder einfachen Materialkisten sprechen. Solche Typologien erschließen jedoch den Gehalt dieser Kunstwerke nur unvollständig. Hingegen läßt sich ein Zugang verschaffen, sofern man sie zunächst als Einheit auffaßt und in Analogie zum alchemistischen Werk (opus alchymicum) mit seinen verschiedenen Operationen des Erwärmens und Erkaltens, Lösens und Verhärtens, Trennens und Vereinigens setzt. Die anfängliche chaotische Scheineinheit wird dabei durcheinandergebracht, gereinigt und zu einer neuen Einheit zusammengefügt. Eva Wipf, die sich intensiv mit esoterischen und okkulten Lehren auseinandergesetzt hat, kannte zumindest einige Grundvorstellungen der Alchemie, und sie war mit der Lehre C. G. Jungs, in der die Alchemie keine unwesentliche Rolle spielt, hinlänglich vertraut. Trotzdem könnte man nicht behaupten, sie habe mit ihrem Werk bewußt gewisse alchemistische Grundbegriffe zu imitieren oder visualisieren versucht. Faßt man jedoch das Werk der Alchemisten als Projektion psychischer Inhalte auf, dann lassen sich durchaus Parallelen zu den Arbeiten Eva Wipfs in den letzten Schaffensjahren ziehen.

Der Vergleich zwischen Eva Wipfs Arbeiten und der alchemistischen Gedankenwelt als einer Form der Hermeneutik, des Selbst- und Welterkennens, geht von der Beobachtung aus, daß viele Schreine in sich und das Gesamtwerk der Schreine, von der Künstlerin immer als eine Art Einheit verstanden, hierarchisch strukturiert sind.[25] Hierarchie wird hier jedoch nicht im Sinne der patriarchalen Gesellschaft als Instrument der Herrschaft und des Beherrschens aufgefaßt, sondern als Möglichkeit, Entwicklungsprozesse, Prozesse der Vergröberung wie der Läuterung, darzustellen. Es sind keine Entwicklungen, die in einer steten Linie zum Höheren, Schnelleren, Besseren führen, wie sie vom Geist der Moderne erträumt wurden. Die Evolution des Werks von Eva Wipf erfolgt auf vielfach verschlungenem Pfad, und häufig kommt es zum Abstieg, bevor man wieder von einem Aufstieg, im ethisch wie im ästhetischen Sinn, sprechen kann. Dort, wo man eine Rangordnung auszumachen vermag, ist offensichtlich, daß das Höhere das Niedere nicht unterdrückt oder verächtlich macht, vielmehr in seiner Andersartigkeit akzeptiert, ihm seine Würde und Bedeutung beläßt. Kein Objekt in der Abfolge und im Zusammenhang dieser Schreine ist unwichtig, selbst wenn man deutlich zwischen leichten und gewichtigen unterscheiden kann. Dies rührt daher, daß ohne das Kleinste und Unscheinbarste die anzustrebende Einheit und Ganzheitlichkeit (ein Hauptthema im Werk von Eva Wipf) nicht zu erreichen wären. Eine vielfach gebrochene, doch unaufhaltsame Stufenfolge, die Kreisbewegungen nicht ausschließt, sowie die Ganzheitlichkeit sind jedoch auch zentrale Begriffe der Alchemie. Daß den Stufen des opus gewisse Farben, die ihrerseits mit einzelnen Planeten in Verbindung gebracht werden, entsprechen und von da her auf die verschiedenen Temperamente geschlossen werden kann, garantiert die Verbundenheit dieser Prozesse mit den Bewegungen des Kosmos. Keine der Substanzen, die in der prima materia noch in bunter Mischung vorkommen, geht im Laufe alchemistischer Prozesse verloren. Jede einzelne Substanz bleibt vorhanden, wenn auch in gewandelter Form. Deshalb postulieren die Alchemisten – mehr bezüglich ihrer psychischen als ihrer chemischen Natur – die Wesensgleichheit der Substanzen.[26] Die Dichotomie von Körper und Seele wird auf diese Weise weitgehend aufgehoben. Imagination läßt sich in ihrer Leibhaftigkeit als konzentriertes Extrakt der lebendigen Kräfte, körperlichen und seelischen, erfahren.[27] Im malerischen Werk Eva Wipfs der fünfziger Jahre konnten wir eine Tendenz hin zur Entmaterialisierung, zur gläsernen Himmelsstadt, feststellen. Ein Weg, der in seiner letzten Konsequenz zur Absage ans Kunstwerk geführt hätte. Die Künstlerin ging ihn nicht bis zum Ende, sondern wandte sich in den sechziger Jahren – gleichzeitig mit der Gruppe der Nouveaux réalistes – der unkaschierten Materie und dem einfachen Alltagsobjekt zu. Der Gegenstand selbst, nicht sein Abbild, sollte von nun an das Kunstwerk entstehen lassen. Nur zum Teil im Einklang mit den Zeittendenzen, wollte Eva Wipf über die Umarmung des Realen zu den geistigen und seelischen Wirkkräften, die nach ihrer Vorstellung in jedem Ding stecken, gelangen.

Die verschiedenen alchemistischen Systeme schildern den Wandlungsprozeß der Materie und des Geistes in vier oder sieben Phasen. Im ersten Prozeß des alchemistischen opus wird die feste Materie verbrannt: Calcination. Zwischenzeitlich kommt es während dieser Operationsstufe zur Verkohlung, weshalb man häufig auch von Schwärzung (nigredo) spricht. »Spiritus« und »Anima« verlassen den Feststoff und entweichen in die Lüfte. Als Symbol des verdunkelten Restes kann der Rabe oder einfach die schwarze Farbe dienen. Erzählungen vom Weltende im Feuer oder die christliche Vorstellung des Fegefeuers werden in Analogie zur Calcinatio gesetzt. Darin offenbart das Feuer neben seiner verzehrenden auch seine reinigende Kraft. Eine Qualität, die auch in der altertümlichsten Götterversöhnung, dem Brandopfer, zum Ausdruck kommt. Das Feuer kann dort als heiliger und heilender Geist verstanden werden, der einen von seinem vorigen Zustand entrückt, indem er einen begeistert. Das Endprodukt der Calcinatio ist dann auch nicht die Kohle, sondern die Asche, die, verbunden mit der Vorstellung von Salz und Fruchtbarkeit einerseits, Eros andererseits, durchaus positiv konnotiert ist.[28] Zeichen des Feuers und der Verbrennung spielen innerhalb der Objektkunst Eva Wipfs eine wichtige Rolle, sei es in der narrativen Form einer Fegefeuerdarstellung, in der konkreten Form verkohlter Objekte oder in einer symbolischen Form – der gezielten Verwendung der Farbe Schwarz etwa. Vergleicht man die Schreine und Kästen untereinander, wird man feststellen, daß sich die Zeichen der Calcinatio meist zu Beginn einer Abfolge, bei einer vertikalen Gliederung im Sockelbereich, oder im äußeren Ring, bei einem konzentrischen Aufbau, befinden (Abb. 38).

Das Element Wasser steht während der zweiten Phase des opus im Mittelpunkt des Geschehens. Im Wasser werden die festen Stoffe gelöst, im Wasser können sie aber auch neue Verbindungen eingehen. Wasser scheint bei flüchtiger Betrachtung nicht das Element der Eva Wipf zu sein. In ihrem Werk überwiegen die Symbole des Versiegens von Quellen, des Vereisens von Wassermassen, des Vertrocknens des unbefruchteten Landes. Und man würde den Vergleich zwischen alchemistischen Prozessen und dem Œuvre

38
Eva Wipf, Schrein eines Alchemisten, um 1966

der Künstlerin wohl auch zu weit treiben, wollte man die Vorstellungen und Symbole der alten Lehre vollständig in den Objekten der Schweizer Künstlerin aus den siebziger Jahren gespiegelt sehen. Trotzdem erinnert man sich an die große Bedeutung des Flusses vor ihrem Haus in Brugg als einem Ort der Urgeburt aller Dinge, aber auch der Rückführung in den Tod. Der Lösungsvorgang in der Alchemie wird gleichfalls als Doppeltes verstanden: Möglichkeit zur Verjüngung und Risiko des Todes.[29] Das Motiv des Badens, aber auch das des Ertrinkens wegen einer verführerischen Wasserfrau taucht in diesem Ideenumfeld auf. Wenn wir erfahren, daß es in der Phase der Solutio zunächst darum geht, die einzelnen Elemente voneinander zu scheiden und aus dem Urbrei der prima materia zu lösen, um die edlen Stoffe Gold und Silber vom Amalgam zu befreien, lassen sich leicht Verbindungslinien zum Werk von Eva Wipf ziehen. Besonders im psychischen Bereich arbeitet sie an einer solchen Reinigung von aller Schlacke, nach der Loslösung des Bewußten von allem Unbewußten. Die »Auflösung« ist dann auch schon von den Alchemisten in erster Linie geistig-moralisch verstanden worden. Ziel ist die Selbsterkenntnis, gleichbedeutend mit dem inneren, psychischen Einswerden. Ohne die Begegnung mit dem Göttlichen und Numinosen als dem Anderen, wird das Ich nicht zu sich selbst geführt. Zweifel und Konflikte sind die unreinen Partikel, die zuvor weggeschwemmt werden müssen.[30] Die Herzenverhärtung löst sich im Wasser. Das Herz blutet für die Welt, aber es schwingt sich auch zur dionysischen Ekstase und zum Wahnsinn auf. Aus den Texten Eva Wipfs, durchzogen von endlosen Selbstbezichtigungen, läßt sich leicht die Sehnsucht der Frau nach dem weichen, gelösten Herzen herauslesen. Sie sehnte sich nach der Fähigkeit, offen und ohne Mißtrauen auf das Gegenüber zuzugehen, es bedingunglos zu lieben. In ihrem Werk wird der Prozeß der Solutio konkret in den vielen Fläschchen mit Lösungstinkturen manifest, auch in den blutenden Herzen und den edlen Farben, Gold und Azur.

Coagulatio heißt der nächste Prozeß im alchemistischen Werk. Darunter versteht man das Überführen einer Substanz vom wässrigen in einen festen Zustand. Ein Vorgang, der in den Schreinen und Kästen Eva Wipfs überall Zeichen geworden ist. Dies ist nicht erstaunlich, denn der Schöpfungsprozeß selbst besteht ja gerade in der Herausbildung fester Gestalten aus der undefinierbaren flüssigen Materie. Wenn man jedoch sagt, daß das Element Erde diesem Prozeß zugeordnet ist, begreifen wir die spezifische Bedeutung, die dieser Prozeß im Werk und für das Werk der Künstlerin hat, besser. Die Vorstellung der Inkarnation körperloser Substanzen und Ideen hängt mit dem Vorgang der Coagulatio zusammen. Eva Wipf sah ihre Stärke als Künstlerin in dem Reichtum und der Komplexität der inneren Visionen und Gesichte. Diese mußten, um kommunizierbar zu sein, in mühseliger Hand- und Knochenarbeit materialisiert und visualisiert werden. Da diese Fleischwerdung schwereloser Gedanken schon von den Alchemisten als Abstieg empfunden wurde, brachte man das mythische Motiv des Falls vom Himmel auf die Erde mit diesem Prozeß in Verbindung. In keinem Bild sah Eva Wipf, die notgelandete Astronautin, das Stigma ihrer Existenz treffender eingefangen als in dem des Himmelssturzes. Ikarus selbst (siehe S. 94) oder Flugzeuge und Weltraumfähren, aber auch Gestirne, schießen und fallen durch viele ihrer Werke.[31] Die Phase der Coagulatio wird nicht selten vom Bösen ausgelöst, es führt den Südenfall herbei und damit den Verlust der Unsterblichkeit. Die Erde gibt ihre Früchte nicht mehr von selbst her, sie muß

Matthias Vogel

39
Eva Wipf, Ohne Titel, 1974

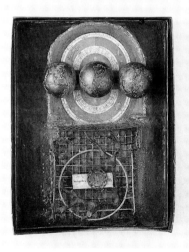

40
Eva Wipf, Ohne Titel, 1974

bearbeitet werden. Die vielen Geräteteile aus Feldbau und Landwirtschaft, heute meist archaisch anmutend, die innerhalb der Arbeiten von Eva Wipf auftauchen, können in diesem Zusammenhang gelesen werden (Abb. 39). Daß sie bei all ihrem ästhetischen Reiz häufig wie Folterinstrumente aussehen, entspricht dem Ort, wo sie zum Einsatz kommen: Strafkolonie, Welt fern des Paradieses. Schwierig wird die Hoffnung auf Erlösung, wenn sich Christus durch eben diese Instrumente massakrieren, zerquetschen oder strangulieren läßt.

Die Sublimation, die vierte Station in der Stufenfolge des alchemistischen Werks, leitet eine zur Coagulatio gegenläufige Bewegung ein. Die festen Stoffe erheben sich von der Erde und lösen sich in Luft auf. Der Beginn dieser Phase ist häufig mit Angstzuständen verbunden, die sich durch den Horror vor der plötzlichen Veränderung erklären lassen. Etwas stirbt, um neu geboren zu werden. Im Bild der Explosion wird dann die Sublimation auch zuweilen veranschaulicht.[32] Die Materie muß zunächst pulverisiert werden, erst danach kann sie aufsteigen, kann sich Reines vom Unreinen trennen. Der »Altar für eine Bombe« (siehe S. 102), 1976 entstanden, ist wie so viele Werke Eva Wipfs vielschichtig. Sicher setzt sie sich in dieser Arbeit sarkastisch mit der Kriegsschuld und dem Gewaltpotential der Schweiz auseinander – geboren aus Angst vor dem Fremden und sich selbst. Auch die Schweiz als Waffenschmiede wird thematisiert. Die Bombe (eine Form, die auch in anderen Kästchen auftaucht, siehe S. 89), der durch diesen Schrein ein Denkmal gesetzt wird, ist aber auch Hoffnungsträger. Würde sie dereinst gezündet, könnte sich das, was durch Evolution nicht mehr zu ändern ist, schlagartig verwandeln. Vorausschau auf die Achtziger Bewegung oder auf andere zukünftige Bewegungen im trägen Alpenland? Das »Schweizer National-Zittern«, von dem auf dem linken Altarflügel die Rede ist, mag unter diesen Umständen berechtigt sein.

Das friedliche Gegenbild zu dem der Explosion ist das des aufsteigenden Vogels – meist in Gestalt eines Adlers oder Schwans. Diese Vögel, Symbole der Sublimation, sind gleichzeitig Auferstehungssymbole, wobei die Auferstehung nur der gereinigten Seele gelingt. Nicht von ungefähr können viele Gegenstände, allen voran das Kreuz, in den Objektkästen Eva Wipfs als Teil eines Reinigungsrituals gelesen werden (Abb. 40). Zielraum kann der gestirnte Himmel, die »Ägyptische Sternennacht« (siehe S. 78), sein. Weshalb hört das Schaffen der Künstlerin nicht mit solchen befriedeten Werken auf, warum geht das *opus* nach der scheinbar so vollkommenen Stufe weiter? Die Antwort könnte lauten, weil das große Ziel der Ganzheit noch nicht erreicht ist, weil sich in dieser Phase der Geist zu vollständig vom Körper löst. Wenn hier etwas verdrängt und im Freudschen Sinn sublimiert wird, dann die Tatsache, daß gerade durch die Negation des Körpers die unversöhnliche Polarität des Körpers mit der Seele bestehen bleibt.

Nach dem vorübergehenden Höhenflug während der Sublimation kommt es im nächsten Schritt des opus erneut zu einem tiefen Fall. Während der Morteficatio oder Putrefactio wird der Geist seiner alten leiblichen Hülle schmerzhaft gewahr, denn sie ist nun einem Verwesungs- und Vermoderungsprozeß ausgesetzt. Vergleichbar mit dem anfänglichen Schwärzungsvorgang, kommt es auch in dieser Phase zum kurzfristigen Tod. Die Hoffnung bleibt bestehen, daß nach einer gewissen Zeit aus dem verbleibenden materiellen Rest Leben und Licht sprießt. Da die Dinge während dieser Phase meist vertrocknen, ist das Bild der Wanderung durch die Wüste ihr analog. Die für Eva Wipf so wichtige Passion Christi sowie die Christus-Nachfolge kann ebenfalls als Weg durch die Putrefaction hindurch verstanden werden. »Am juwelengeschmückten Kreuz hängt er, der schöne, formgerechte Christusleib, aber Fliegen laufen über ihn hin«, so sieht es die Künstlerin (siehe S. 100). Der Herr, verlassen vom offiziellen Christentum, verwest an seinem Marterwerkzeug, bevor er auferstehen kann; worauf Aasfresser, Symbol für Unreinheit und Habgier, sich an ihm gütlich tun. Da erstaunt es nicht, daß die untere Zone von Eva Wipfs Schreinen, Grab Christi bei vielen Altartafeln, häufig mit »totem Laub« und »Moderpilz« gefüllt ist. Die Pilze innerhalb der Kästen sind immer modernd und wuchernd zugleich. Sie befinden sich meist am Anfang der Prozesse, dort, wo auch das Laub und die dürren Äste auf den neuen Tag oder die Wiederkehr des Frühlings warten.[33] Als »Atompilze« sind sie zugleich Zeichen für das Ende des Lebens auf dem Planeten Erde (Abb. 41). Die Pilze erscheinen manchmal auch auf einem höheren Absatz des stufigen Weltgebäudes der Künstlerin. Sie sind fähig, sich aus eigener Kraft zu veredeln, sich mit einem goldenen Glanz zu umgeben, »Denkmal für einen heiligen Pilz« (siehe S. 99). Wird hier der falsche Gott angebetet? Wird damit ausgedrückt, daß nichts vor der Zeit auf den Sockel gestellt und von der Weiterentwicklung abgehalten werden soll? (Abb. 42)

Nach der großen Vereinigung und Vermengung aller Dinge im Zustand des Moderns, ist es nur verständlich, daß im nächsten Schritt des alchemistischen Werks wieder eine Phase des Teilens und Diskriminierens eingeschaltet wird: Seperatio. Nun endlich kann der Kosmos aus dem Chaos geboren werden. Bewußtsein und Erkenntnis erheben sich aus ihrem dumpfen Brüten im Einerlei. Schon schaffen sie wieder neue Gegensatzpaare, und die hermaphroditischen Welteltern werden getrennt. Selbstbewußt stellt sich das Ich in den Raum und hält all das Fremde, das Nicht-Ich, von sich fern. Eva Wipf hat meiner Meinung nach in den »Alchemisten-Schreinen« Bilder einer derartigen Trennung gefunden (siehe S. 76 und 77). Hier sind die reinen Elemente in eine symmetrische Ordnung gebracht, ausgesondert und in Fläschchen und Behälter abgefüllt. Doch warten sie darauf, daß man sie benützt, daß man mit ihnen das Werk vollendet. Die Separation ist nur ein Übergangsstadium, danach müssen die reinen Substanzen im Labor und im Schaffen des Alchemisten/Künstlers wieder durcheinandergebracht werden. Es steht außer Zweifel, daß jedes Wesen, um sich ein Bild von sich zu machen und Selbstbewußtsein zu erlangen, durch die Phase der Absonderung hindurch muß. Aber soll dies der letzte Schritt sein, gelangt man durch ihn nicht zu einer starren Ordnung in Isolation?

Wenn nötig, wird mit dem Schwert, Symbol der Seperatio, oder mit Sichel und Hammer getrennt und aufgeteilt. Die Klinge des scharfen Verstandes schneidet im Namen von Tugend und Gerechtigkeit. Es entsteht die Welt der Nationen und der kleinen Familieneinheiten, eine patriarchale Welt, gemacht für die Väter, gegen die Eva Wipf in ihrem Werk einmal kritisch ironisch, einmal verzweifelt ankämpft. Fangen nicht mit der Wahl für die Kriterien der Differenz und mit dem danach folgenden Vergleich die Mißhelligkeiten an? Hatte die Künstlerin eine Chance, wenn die Kleinen von den Großen, die Dicken von den Dünnen, die Rundköpfigen von den Langköpfigen getrennt, eine Wahl getroffen, das Paris-Urteil gefällt wurde? Sicher ist es gut, wenn das Wesentliche von allem Überflüssigen und Nebensächlichen, von seinen Verunreinigungen, befreit wird. Aber wer

41
Eva Wipf, Ohne Titel, um 1975

Matthias Vogel

sagt, daß in allem ein solcher Wesenskern steckt? Und wer entscheidet, was noch dazu gehört und was nicht mehr dazu gehört?

Gut, daß es im alchemistischen Prozeß noch einen letzten Schritt gibt, während dem die Gegensätze, nach der Separation im reinen Zustand, wieder vereint werden. Kein Wunder, daß die Umarmung zwischen Mann und Frau in Lust und Liebe häufigstes Bild für die Conjunctio, die höchste Stufe des opus ist. Bei den sich vereinigenden Männern und Frauen handelt es sich nicht selten um Mutter und Sohn, Bruder und Schwester. Im Motiv des Inzestes ist die Idee des Kreislaufs verborgen, der sich schließen muß.[34] Es wird auch deutlich, daß es nicht unbedingt zur conjunctio oppositorum kommen muß, zur Vereinigung zwischen dem Gegensätzlichen, um die Entwicklung auf eine nächste Stufe zu heben. Immer verwandelt sich in diesem Prozeß niedere, einfältige Materie in höhere. Die Dinge erhalten ihre androgyne Natur zurück, erst so ist ihre Fruchtbarkeit gesichert. Die Alchemisten sprechen vom Stein der Weisen. Sie wissen sehr wohl, daß es sich dabei nicht um Gold und Diamanten handelt, sondern um einen höchst labilen Zustand eines Wesens, der abhängig ist von seinem psychischen und körperlichen Befinden. Für Eva Wipf war nicht der einzelne Schrein Zeichen dieses Zustands der Vereinigung und der Aufhebung der Gegensätze. Eher die Gesamtheit der Schreine und der übrigen Arbeiten in jener Ordnung, wie sie in ihrem Haus in Brugg angedeutet war, kann in Analogie zur Conjunction gesetzt werden. Ein Prozeß, der bei ihrem Tod nicht abgeschlossen war, nicht abgeschlossen sein konnte. Die Suche nach dem Stein der Weisen findet kein Ende.

Der kunsthistorische Ort der Objektkünstlerin Eva Wipf

Die Dinge müssen dem Subjekt erst in Erscheinung treten, um zu sein, dies spätestens seit Kant in der Philosophie ein verbreiteter Gedanke. Innerhalb der Kunstgeschichte läßt sich das beschwörende Zum-Kunstwerkerklären gewöhnlicher Gegenstände in diesem Zusammenhang verstehen.[35] Es gehört zu den gängigen Praktiken innerhalb des Kunstbetriebs, seit Marcel Duchamp 1914 einen Flaschentrockner auf einen Sockel stellte und dadurch das erste reine Ready made schuf. Es hat durchaus etwas mit dem Vorgehen der Zauberer, Magier und Alchemisten zu tun. Meist entsteht so ein Fetisch, kein Arkanum. Trotzdem können diese Objekte manchmal Geheimnisse bergen, Kräfte ausstrahlen und Bundesgenossen beim Behauptungskampf in der Welt sein.[36] Bisweilen sind sie auch Symbole für den Phallus; dadurch verkörpern sie Macht, sind Hilfsmittel des modernen Künstlers (weniger der Künstlerin) bei seinem risikoreichen Schöpfungsakt.[37] Daneben gibt es Künstler die ihren objets trouvés die ursprüngliche Materialität und Banalität belassen, sie nicht veredeln und verwandeln wollen. Hinter einer solchen Haltung kann die Liebe zum unbeachteten Ding, die Faszination angesichts der ästhetischen Qualität von Gebrauchsgegenständen oder das Bedürfnis nach »Recycling der Objektwelt« in der Wegwerfgesellschaft stecken.[38] Wo haben Eva Wipfs Schreine und Kästen innerhalb des breiten Spektrums der Objektkunst ihren Platz? Das Aufdecken der fremdartigen Seite des Banalen und Alltäglichen war nicht ihr vorrangiges Ziel.[39] Ihr ging es mehr um die Ideen hinter den Objekten, nicht um ihr reines Da- und Sosein. Der Fetisch, der immer Ersatz für das Eigentliche ist, befriedigte sie nicht. Nach allem, was wir bisher gesehen haben, können wir sagen, sie habe nach der Einheit des Vielgestaltigen und Oppositionellen auf einer höheren Ebene

42
Eva Wipf, Ohne Titel (Kleiner Altar mit Fliegen), um 1974

gestrebt. In einem Tagebuch der siebziger Jahre hat Eva Wipf die Namen »der Grossen« niedergeschrieben, mit denen sie noch persönlichen Kontakt aufnehmen wollte. Neben international bekannten Künstlernamen – Edward Kienholz, Joseph Cornell, Louise Nevelson, Tetsumi Kudo – finden sich auch zwei Schweizer: Jürgen Brodwolf und Franz Eggenschwiler. Ausstellungen im Zürcher Kunsthaus haben Eva Wipf oft angeregt. 1971 waren dort Rauminstallationen von Edward Kienholz zu sehen – sie machten einen überwältigenden Eindruck auf sie, fast täglich zog es sie zu ihnen hin. In den frühen Arbeiten, wie »Roxy's« von 1961, kombiniert Kienholz einzelne Objektskulpturen zu einem Interieur (Abb. 43). Nach der Begegnung mit diesen Werken will es scheinen, als ob Eva Wipf die Qual und Nichtigkeit der menschlichen Existenz in ihren Kästen schonungsloser darstellte, ihre humorvollen Kommentare sarkastischer wurden.

Wenn man von einem formalen Vergleich absieht, der bei ObjektkünstlerInnen ohnehin nicht weit führt, kann man sagen, daß von den Vorbildern oder Weggefährten Joseph Cornell und Louise Nevelson Eva Wipf am nächsten standen. Der Surrealismus war für alle drei eine wichtige Quelle ihres Schaffens. Nie jedoch machten sie den psychischen und motorischen Automatismus zur treibenden Kraft ihres Arbeitsprozesses; auch genügten ihnen eine freie, assoziative Zusammenstellung der Objekte nicht. Diese KünstlerInnen liebten es, wenn sich die Objekte zu einem einheitlichen Traumbild, ja zu einer Erzählung zusammenfügten. Mit den Werken Joseph Cornells haben gewisse Objektkästen Eva Wipfs den Wunderkammercharakter und eine Anzahl Motive (Apothekerfläschchen, Himmelsgloben, Sternennächte, Käfige) gemein. Der geschützte Raum der »Box« wird zum Erinnerungsgefäß und Reliquiar in einer fragmentierten Welt (Abb. 44).[40] Mit Louise Nevelson teilt die Schweizer Künstlerin die Vorliebe für das Material Holz, das tot noch lebendig ist, sich deshalb zur Sakralisierung eignet. Auch stimmen mehrere Leitthemen überein:[41] die Reise, geleitet von der Sehnsucht nach Ausbruch und Transzendenz; die Suche nach Geborgenheit und Überschaubarkeit, die häufig jedoch in Isolation endet; die kämpferische Auseinandersetzung mit Autoritäten, manifest in der Gestalt des Königs. Ausgehend von dem Wechsel dominanter Farben innerhalb ihres Schaffens (Schwarz, Weiß, Gold), läßt sich das Werk Louise Nevelsons auch als alchemistischer Prozeß beschreiben (Abb. 45).[42]

Trotz solcher Parallelen ist Alain Jouffroys Festellung richtig, die Objekt-Kunst offenbare die Einsamkeit eines jeden künstlerischen Denkens und Gestaltens.[43] Aus der Selbstbezogenheit der eigenen Gedanken- und Vorstellungswelt flüchten sich die Objektkünstler nicht selten ins Universum. Nachfolger können nur von dem Prozeß, nicht von den einzelnen Formen und Motiven lernen.[44] Eine solche Wirkungsweise künstlerischer Arbeiten entspricht Eva Wipf. Als Künstlerin wollte sie bloß Anregerin sein, als Mensch zuweilen auch Lehrerin oder gar Missionarin. Zwischen der Gewißheit eigener Größe und dem Gefühl der Bedeutungslosigkeit vollzog sich ihr Leben, deren Widersprüche nur im Werk vorübergehend aufgelöst sind. Da wird der Hutspanner zum Kopf des Erlösers, mit Nägeln gespickt und einem Stacheldrahtreif bekrönt (siehe S. 88). Rote Farbspuren stehen für sein vergossenes Blut. Gleichzeitig ist der ehemalige Gebrauchsgegenstand mit seinem Schraubmechanismus, der alles Unangepaßte in die Form zwingt, zerquetscht oder ausdehnt, aber auch Marterwerkzeug. Das Opfer trägt in sich die Potenz zum Täter, der Täter macht sich selbst zum Opfer. Das

43
Edward Kienholz, Eine Dame namens Zoe (Detail aus Roxy's), 1961

44
Joseph Cornell, Observatory Corona Borealis Casement, 1950

Matthias Vogel

Objekt steht in einem Kasten, dessen Rahmen blutgetränkt ist. Das erhöht seine Heiligkeit, macht es unantastbar. Doch quellen Drähte aus seinem Inneren und über die Einfassung hinaus. Der Kultgegenstand will sich vernetzen. In der Abgeschlossenheit kann er nicht wirken. Heraus aus der leidvollen Isolation, aus der Isolation des Leidens. Nur draußen in der garstig zauberhaften Welt bläst der Wind, ist Bewegung.

45
Louise Nevelson, Now, 1963

1 Vgl. Edvard Munch, »Der Mörder«, 1911; Marianne Werefkin, »Heimkehr«, 1907 und »Ein Triller«, 1907.

2 LEINER, Bruno, Eva Wipf, in: Der Landbote, 10. Mai 1949.

3 Zit. nach CURIGER, Bice, Meret Oppenheim, ABC-Verlag, Zürich, [3]1989, S. 20–21.

4 Die Übereinstimmung mit Arbeiten von Otto Dix sind auf eine Ausstellung seiner Werke, organisiert vom Kulturkreis Ramsen, und persönliche Bekanntschaft zurückzuführen. Eva Wipf hat angeblich in diesen Jahren den Maler in seinem Refugium am Bodensee aufgesucht.

5 Wenn die Arbeit am malerischen Werk ins Stocken geriet, wandte sich Eva Wipf seit Mitte der fünfziger Jahre dem Collagenmaterial zu, das sie hauptsächlich in Illustrierten fand und eifrig sammelte. Obgleich als Nebenprodukt der künstlerischen Tätigkeit entstanden, verdienen die Collagen als Gattung bei einer Gesamtwürdigung ihres Œuvres Beachtung. In diesem Medium handelt Eva Wipf Zeitfragen ab und scheut auch vor unmittelbaren Botschaften nicht zurück. Themen sind: Auschwitz, Atombombeneinsatz, Ermordung Präsident Kennedys, Einmarsch der Truppen des Warschauer Paktes in Prag… Dabei werden die historischen Ereignisse innerhalb der einzelnen Arbeiten häufig mit dem Dauernden, dem Göttlichen, konfrontiert. Bildfragmente, die sich mit Zeitlichem befassen, prallen unvermittelt auf solche, die sich auf Ewiges beziehen.

6 STEINER, Hans, Sommer-Ausstellung in der Galerie Forum, Schaffhauser Nachrichten, 21. Juli 1949.

7 Vgl. zu diesem Motiv auch »Das zerbrochene Herz« (siehe S. 50).

8 Vgl. WALDENFELS, Bernhard, Heimat in der Fremde, in: In den Netzen der Lebenswelt, Suhrkamp Verlag, Frankfurt a. M., 1985, S. 202–204.

9 Zum Problem der Zeichenhaftigkeit und der Sprachstruktur von Gärten vgl. MILLER, Mara, The Garden as an Art, Garland, New York, 1993, S. 168–171.

10 JUNG, Carl Gustav, Psychologie und Alchemie, Walter Verlag, Olten und Freiburg i. Br., 1975, S. 105.

11 JUNG, Carl Gustav, Psychologie und Alchemie, Walter Verlag, Olten und Freiburg i. Br., 1975, S. 158.

12 Nichts deutet darauf hin, daß sich die Künstlerin in den Werken der fünfziger Jahre mit dem Bild des Lamms identifiziert. Es ist auf diesen Bildern in seiner steifen Heraldik eindeutig Symbol des Friedens, Zeichen für eine Kreatürlichkeit, die sich ungezwungen in das vegetative Leben einfügt – wie übrigens die Schlange auch. Das Lamm als Opfertier, als ewiges Opfer, spielt erst im Werk und in den Schriften der siebziger Jahre eine Rolle. In dieser Zeit glaubt sie, in der Rolle des Lamms gefangen zu sein und sehnt sich nach einer

Verkehrung ins Gegenteil, wobei sich für die Künstlerin in der Figur des Tigers nicht nur das Raubtier, der Täter, verbirgt, sondern die Allmacht, die auch zur uneingeschränkten Liebe fähig ist: »Geh weg von den Schafen – sei ein Tiger! O ein Gott, kein Mensch, ein Wesen voll reiner Liebe und Kraft und Energie.«

13 Vgl. JUNG, Carl Gustav, Aion, Beiträge zur Symbolik des Selbst, in: Gesammelte Werke, Bd. 9/II, Walter Verlag, Olten und Freiburg i. Br., 1976, S. 250–251.

14 Zit. nach Paris, Berlin: 1900–1933, Ausst. Kat. Paris, Centre National d'Art et de Culture George Pompidou, München, 1979, S. 360.

15 Ein früher Interpret sieht in der blauen Kugel eine Parallele zur »Blauen Blume« der Romantik und spricht von »Sinnbilder der beseelten Welt«, Zürcher Woche, 14. Juni 1965.

16 WIPF, Eva, Die Neue Sprache, Langnau a. A., 1980, S. 30.

17 JUNG, Carl Gustav, Psychologie und Alchemie, Walter Verlag, Olten und Freiburg i. Br., 1975, S. 276.

18 Trotz vieler mechanischer Marterinstrumente im Werk von Eva Wipf kann man nicht von einer generellen Technikfeindlichkeit der Künstlerin sprechen (vgl. hierzu Schaffhauser Nachrichten, 11. Dezember 1974). Die Technik (in Form elekrischer Schaltungen und Computer-Chips) ist auch Symbol für die Möglichkeit, längst verlorene Verbindungen wieder herzustellen.

19 CHOUCHA, Nadia, Surrealism and the Occult, Mandrake, Oxford, 1991, S. 41–42.

20 FREUD, Sigmund, Das ökonomische Problem des Masochismus, in: Psychologie des Unbewußten, Studienausgabe Bd. 3, Suhrkamp Verlag, Frankfurt a. M., 1975, S. 349–354.

21 Enrico Baj war mit diesen Gemälden schon zu Beginn der sechziger Jahre an wichtigen Übersichtsausstellungen vertreten, darunter auch an jener Veranstaltung in New York, welche die Kunst der vorgefundenen Objekte erstmals umfassend vorstellte: SEITZ, William C., The Art of Assemblage, Ausst. Kat., Museum of Modern Art, New York, 1961.

22 BAUDRILLARD, Jean, Baj ou la monstruosité mise à nu par la peinture même, in: Baj, Paris, 1980, S. 12.

23 Nur selten fand diese Beschäftigung einen mehr oder weniger unmittelbaren Ausdruck im Werk, vgl. »Napoleon-Roboter« (siehe S. 87).

24 Zur Figur des Königs in Träumen und Märchen als Symbol des Vaters vgl. FREUD, Sigmund, Der Traum, in: Vorlesung zur Einführung in die Psychoanalyse, Studienausgabe Bd. 1, Suhrkamp Verlag, Frankfurt a. M., 1969, S. 168.

25 Vgl. auch »Meditationsschrein III«, »Ex-Voto Schrein I« (siehe S. 74 und 73).

26 Vgl. hierzu JUNG, Carl Gustav, Mysterium Coniunctionis, in: Gesammelte Werke Bd. 10/II, Rascher Verlag, Zürich und Stuttgart, 1968, S. 41.

27 JUNG, Carl Gustav, Psychologie und Alchemie, Walter Verlag, Olten und Freiburg i. Br., 1975, S. 322.

28 Vgl. hierzu EDINGER, Edward F., Anatomy of the Psyche. Alchemical Symbolism in Psychotherapy, Ope Court Publishing Company, La Salle, 1985, S. 42.

29 EDINGER, Edward F., Anatomy of the Psyche. Alchemical Symbolism in Psychotherapy, Ope Court Publishing Company, La Salle, 1985, S. 52.

30 Vgl. hierzu JUNG, Carl Gustav, Mysterium Coniunctionis, in: Gesammelte Werke, Bd. 10/II, Rascher Verlag, Zürich und Stuttgart, 1968, S. 16.

31 Vgl. »Ikarus« (siehe S. 94).

32 EDINGER, Edward F., Anatomy of the Psyche. Alchemical Symbolism in Psychotherapy, Ope Court Publishing Company, La Salle, 1985, S. 119.

33 Vgl. »Autel pauvre« (siehe S. 91), »Ohne Titel« (siehe S. 95).

34 JUNG, Carl Gustav, Psychologie und Alchemie, Olten und Freiburg i. Br. 1975, S. 471–472.

35 Vgl. hierzu WILDERMUTH, Armin, Magische Praxis – oder: das Geistige in den Dingen, in: Franz Eggenschwiler. Werke 1950 bis 1985, Ausst. Kat., Kunsthalle, Düsseldorf, 1985, S. 9.

36 Vgl. hierzu ROTZLER, Willy, Das Ding als Objekt, In: Das Ding als Objekt – Europäische Objektkunst des 20. Jahrhunderts, Ausst. Kat., Kunsthalle, Nürnberg, 1970, S. 2.

37 KUSPIT, Donald, The Modern Fetisch, in: Signs of Psyche in Modern and Postmodern Art, University Press, Cambridge, 1994, S. 152.

38 Zum letzten Punkt vgl. RONTE, Dieter, Das Objekt – Leitfossil unseres Jahrhunderts?, in: Faszination des Objekts, Ausst. Kat., Museum moderner Kunst, Wien, 1980, S. 9–12.

39 Wohl kann es vorkommen, daß, von der Funktion befreit, die Gestalt des Gegenstandes ins Bewußtsein kommt (Vgl. WIDMER, Heiny, Eva Wipf, in: Aargauer Almanach 1975, S. 20), aber sogleich wird er wieder mit Bedeutung aufgeladen – die Gestalt stellt sich in ihren Dienst.

40 Vgl. Joseph Cornell, Ausst. Kat., Museum of Modern Art, New York, 1980, S. 11.

41 Vgl. WILSON, Laurie, Louise Nevelson: Iconography and Source, Garland, New York und London, 1981, S. 167–168.

42 CELANT, Germano, Louise Nevelson, Ed. Praeger, München, 1973, S. 14–18.

43 JOUFFROY, Alain, Les objecteurs, in: Quadrum, 19 (1965), S. 10.

44 Spontan kommen einem die Namen René Moser, Margaretha Dubach oder Roland Lüchinger… in den Sinn. Es sind etwas jüngere Schweizer Künstler, die einen ähnlichen Umgang mit Objekten pflegen, also von Eva Wipf möglicherweise angeregt wurden. Ein unmittelbares Schüler-Lehrer-Verhältnis ist jedoch in keinem Fall nachzuweisen.

Matthias Vogel

Abbildungsverzeichnis
zu Seiten 10 bis 37

Abb. 1
Franz Radziwill, Raureif am Fortgraben, 1925,
Öl auf Holz, 70 x 70,5 cm, Privatsammlung
Oldenburg

Abb. 2
Marianne Werefkin, Die Allee, um 1917,
Tempera auf Karton, 34 x 25 cm, Privatbesitz

Abb. 3
Eva Wipf, Landschaft mit Telefonstangen,
um 1949, Öl auf Spanplatte, 15 x 15 cm,
Privatbesitz

Abb. 4
Reinhold Kündig, Hirzellandschaft an düsterem
Tag, 1933, Öl auf Leinwand

Abb. 5
Eva Wipf, Landschaft (vom Pfarrhaus
in Buch aus gesehen), 1948, Öl auf Malkarton,
15 x 20 cm, Privatbesitz

Abb. 6
Eva Wipf, Drei Gestalten mit Sarg und
Totenkopf, 1948, Öl auf Spanplatte,
46 x 37 cm, Privatbesitz

Abb. 7
Otto Dix, Masken in Trümmern, 1946,
Öl auf Holz, 120 x 81 cm, Privatbesitz

Abb. 8
Eva Wipf, Rotes Chaos, 1948,
Öl auf Spanplatte, 40 x 30 cm, Privatbesitz

Abb. 9
George Grosz, Metropolis, 1917,
Öl auf Malkarton, 68 x 47,5 cm, Museum of
Modern Art, New York

Abb. 10
Louis Moilliet, Das große Karussell, 1916/17,
Öl auf Leinwand, 89 x 100 cm, Kunstmuseum
Winterthur

Abb. 11
Eva Wipf, Pfarrhausgarten in Buch im Winter,
1948/49, Öl auf Spanplatte, 15 x 15 cm,
Privatbesitz

Abb. 12
Eva Wipf, Versteinerte Landschaft, 1952,
Tempera und Öl auf Spanplatte, 53 x 72 cm,
Privatbesitz

Abb. 13
Eva Wipf, Strasse, o. J., Öl auf Spanplatte,
36 x 31 cm, Nachlaß

Abb. 14
Hans Erni, Bios, 1941, Tempera auf Leinwand,
120 x 150 cm, Privatbesitz

Abb. 15
Eva Wipf, Aus Dantes Hölle II, 1952,
Öl auf Spanplatte, 81 x 60 cm, Nachlaß

Abb. 16
Eva Wipf, Blühendes Wachstum, o. J.,
Öl auf Leinwand, 72 x 53 cm, Nachlaß

Abb. 17
Eva Wipf, Das rote Tuch, 1952,
Öl auf Malkarton, 26 x 21 cm, Nachlaß

Abb. 18
Eva Wipf, Konzentrationslager, 1952,
Öl auf Spanplatte, 54 x 80 cm, Nachlaß

Abb. 19
Eva Wipf, Golgatha, um 1955–1961,
Öl auf Leinwand, 73 x 100 cm, Nachlaß

Abb. 20
Eva Wipf, Golgatha, um 1957,
Öl auf Leinwand, 45 x 33 cm, Privatbesitz

Abb. 21
Zur Themenossymbolik, Boschius, Symbolo-
graphia (1702). Der Brunnen im ummauerten
Garten bedeutet »constantia in adversis«
(Beständigkeit unter widrigen Umständen).

Abb. 22
Eva Wipf, Das Lamm, 1958,
Öl auf Spanplatte, 40 x 25 cm, Stadt Zürich

Abb. 23
Eva Wipf, Baum, o. J., Öl auf Spanplatte,
20 x 41 cm, Privatbesitz

Abb. 24
Eva Wipf, Ohne Titel (Baum in Baumlandschaft),
1958–1968, Öl auf Spanplatte, 22 x 42 cm,
Privatbesitz

Abb. 25
Eva Wipf, Ohne Titel (Kleiner Altar), um 1958,
Öl auf Spanplatte, 30 x 47 cm, Privatbesitz

Abb. 26
Eva Wipf, Der Wassergarten, o. J.,
Öl auf Leinwand, 75 x 40 cm, Privatbesitz

Abb. 27
Lyonel Feininger, Dröbsdorf, 1927, Öl auf
Leinwand, 100 x 126 cm, Privatsammlung USA

Abb. 28
Eva Wipf, Himmelsstadt, um 1957, (verschollen)

Abb. 29
Eva Wipf, Der Garten (eines Magiers), 1962,
Öl auf Leinwand, 81 x 130 cm, Stadt Zürich

Abb. 30
Eva Wipf, Blühendes Räderwerk, um 1965,
Öl auf Malkarton, 46 x 42 cm, Nachlaß

Abb. 31
Eva Wipf, Räderwerk, um 1965,
Öl auf Malkarton, 41,5 x 28,5 cm, Privatbesitz

Abb. 32
Eva Wipf, Irrenhaus, um 1964,
Öl auf Spanplatte, 72 x 99 cm, Stadt Zürich

Abb. 33
Eva Wipf, Selbstbildnis, 1946, Öl auf Karton,
33 x 24 cm, Nachlaß

Abb. 34
Eva Wipf, Madonna mit Kind (Weihnachten),
um 1957, Öl auf Spanplatte, 29 x 42 cm,
Privatbesitz

Abb. 35
Enrico Baj, General gibt das Zeichen zum
Angriff, 1961, Öl und Collage auf Leinwand,
146 x 114 cm, Privatsammlung Mailand

Abb. 36
Eva Wipf, Robotergeneral gibt das Signal zum
Angriff, 1965, Öl auf Leinwand, 203 x 118 cm,
Nachlaß

Abb. 37
Eva Wipf, Denkmal für einen König, 1954,
Öl auf Spanplatte, 63 x 27 cm, Nachlaß

Abb. 38
Eva Wipf, Schrein eines Alchemisten,
um 1966, Objektkasten, 115 x 108 x 13 cm,
Privatbesitz

Abb. 39
Eva Wipf, Ohne Titel, 1974, Schrein,
82 x 38 x 20 cm, Aargauer Kunsthaus, Aarau

Abb. 40
Eva Wipf, Ohne Titel, 1974, Objektkasten,
26 x 20 x 5 cm, Privatbesitz

Abb. 41
Eva Wipf, Ohne Titel, um 1975, Objektkasten,
48 x 70 x 11 cm (ganzes Objekt), Nachlaß

Abb. 42
Eva Wipf, Ohne Titel (Kleiner Altar mit Fliegen),
um 1974, 39 x 51 x 11 cm, Privatbesitz

Abb. 43
Edward Kienholz, Eine Dame namens Zoe
(Detail aus Roxy's), 1961, Objektcollage,
160 x 45 x 45 cm

Abb. 44
Joseph Cornell, Observatory Corona Borealis
Casement, 1950, 46 x 30 x 14 cm,
Privatsammlung Chicago

Abb. 45
Louise Nevelson, Now, 1963, Holzcollage,
242 x 102 cm

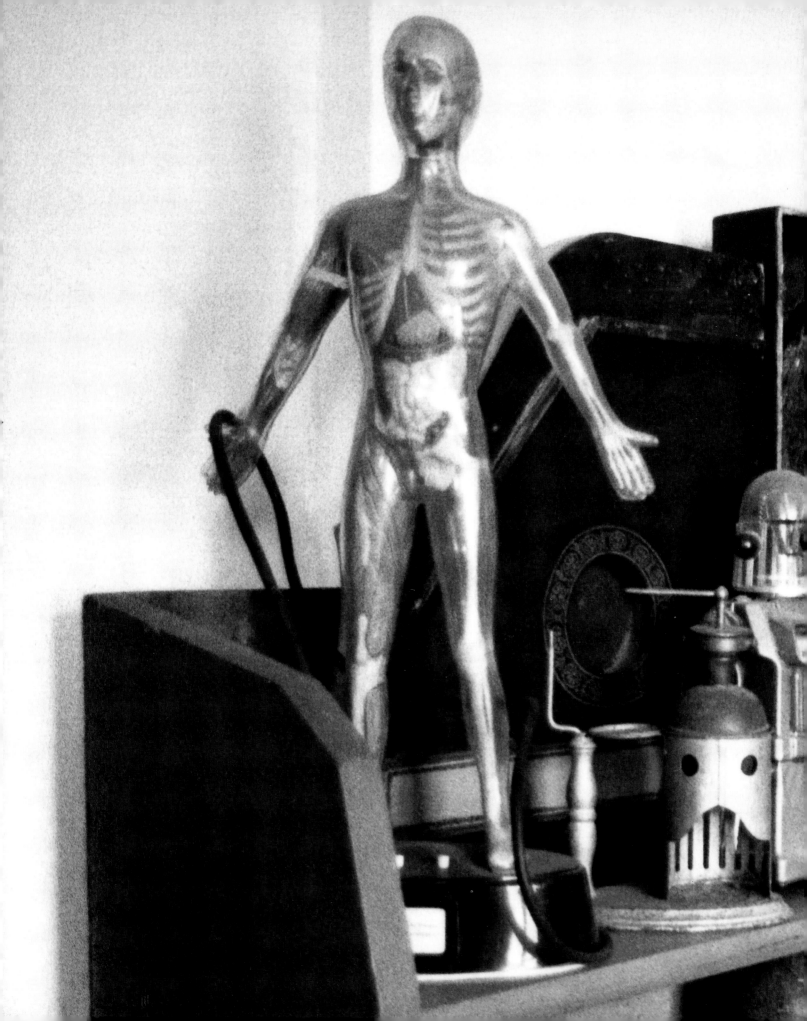

Bilder 1947–1968

Einsamkeit, vor 1948

Jongleur über dem Abgrund, um 1948

Traumstadt, um 1948

Knabenkopf, 1951

Selbstbildnis, 1954

Die grosse Flut, 1952

Paradiesgärtlein, 1952

Das zerbrochene Herz, 1952

Das Licht im irdenen Gefäss, 1954

Paradiesgarten, o. J.

Jesus im Garten, 1956–1958

Der rote Garten, um 1968

Nächtlicher Garten, vor 1963

Blaue Bäume unter Nachthimmel, o.J.

Die Kugel im Garten, 1967

Traumgarten, o. J.

Baum mit Golgathahügel, o. J.

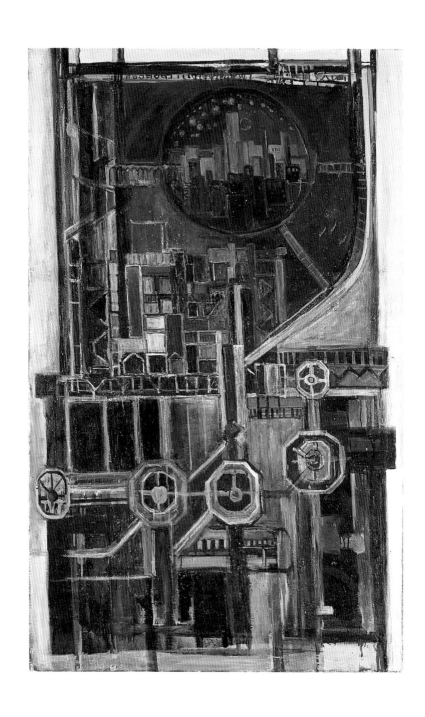

Räderwerk mit Himmelsstadt, vor 1970

Garten eines Magiers, 1962

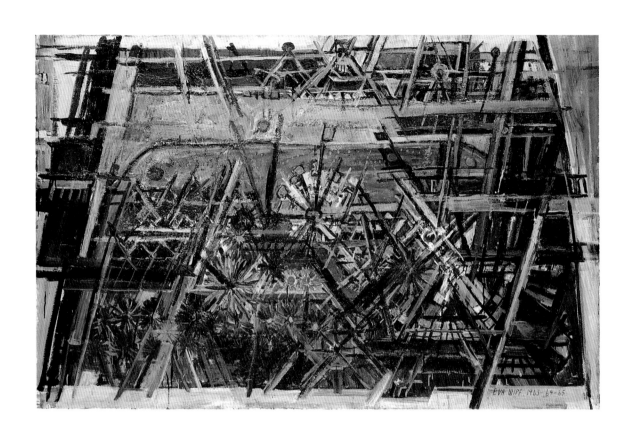

Räderwerk bei Tag, 1963—1965

Die Heiligen sind gefangen, o. J.

Landschaft mit Himmelsstadt, o. J.

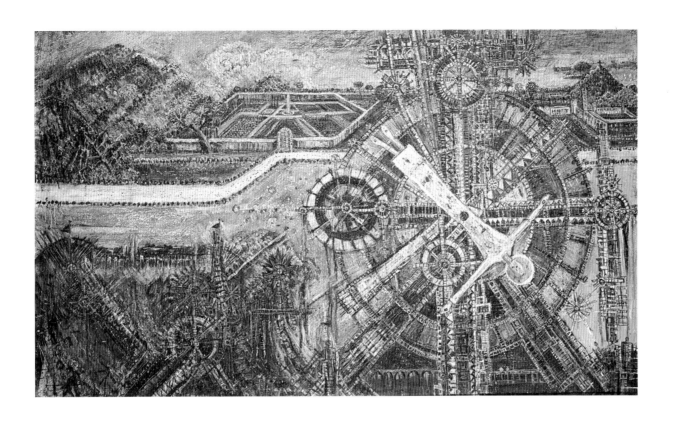

Märtyrer II, o. J.

Generalissimus, 1964/65

Ruhmreicher Robotergeneral, 1964/65

Collagen 1965–1974

Ohne Titel (Sklaven, Karfreitagsprozession, Kennedyfamilie), o.J.

Ohne Titel (LSD I), o.J.

Ohne Titel (LSD II), o.J.   Ohne Titel (Prager Pietà), 1968

Objekte 1967–1978

Exvoto-Schrein I (Madonna de Laghet), um 1964

Meditationsschrein III, vor 1968

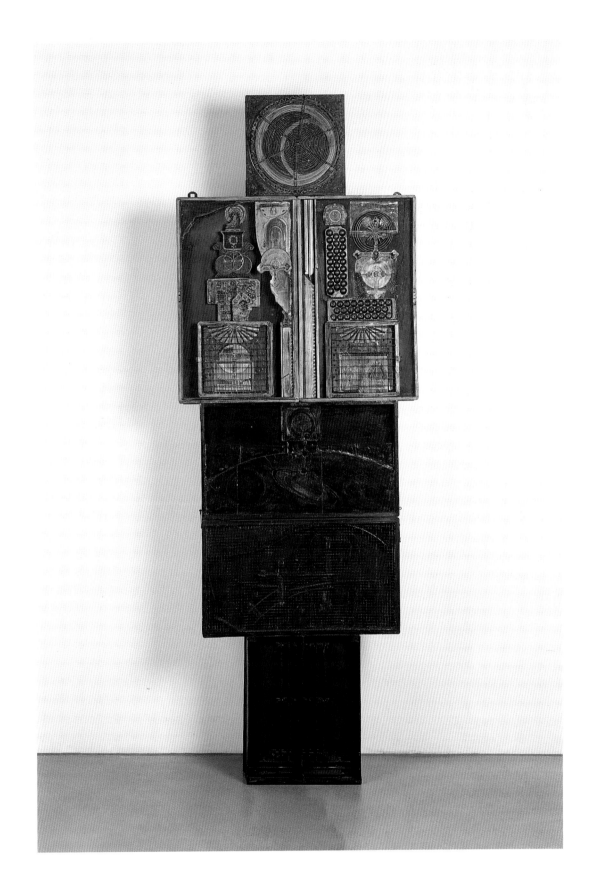

Exvoto-Schrein II, nach 1964

Kästchen eines Alchemisten II, vor 1971

Alchemistenschrein, o.J.

Ägyptische Sternennacht, 1974–1976

Sternenschrein, 1974

Meditationsschrein II, 1970–1974

Ohne Titel, o. J.

Schöner blauer Himmel, 1974

Klingel-Tangel-Altar (Niemand Altar), 1975

Denkmal für Sichel und Hammer, 1976

Registrator, 1975

Altar für ein Ufo, o. J.

Napoleon-Roboter, o. J.

Dornenkronenkopf, 1975

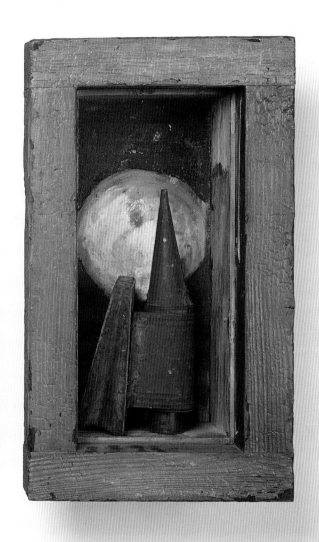

Ohne Titel, 1976

Durcheinander der 10 Gebote, 1976

Autel pauvre, o. J.

Das Rad des Lebens (blockiert), o. J.

Höllentor, 1973–1975

Ikarus (Selbstbildnis), o.J.

Autel pauvre, o. J.

Wegkreuz, o.J.

Autel pauvre, 1976

Ohne Titel (Laubkreuz), o. J.

Denkmal für den heiligen Pilz, 1975

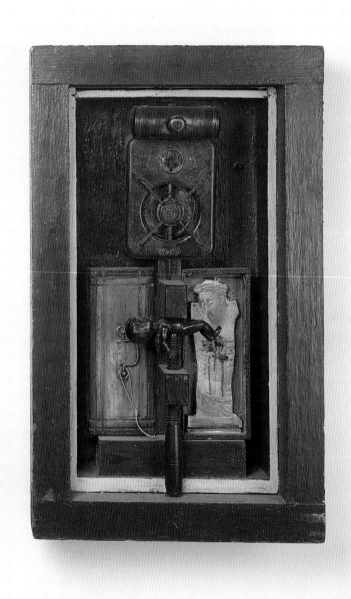

Papierchristus mit Fliegen, 1975

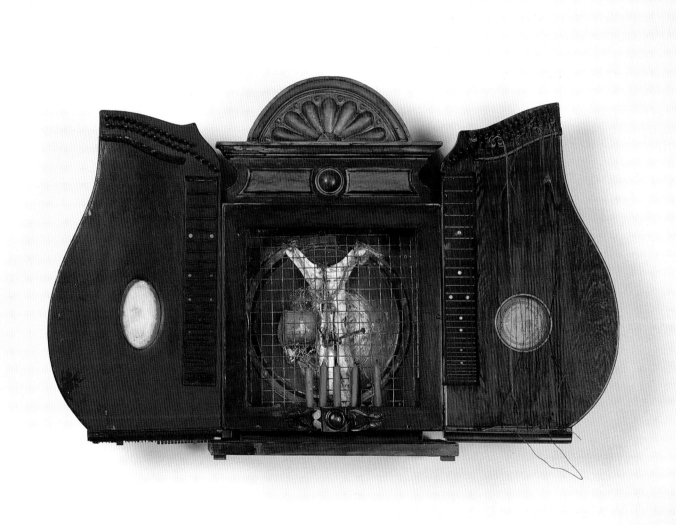

Verstummter Altar (Zitteraltar), o. J.

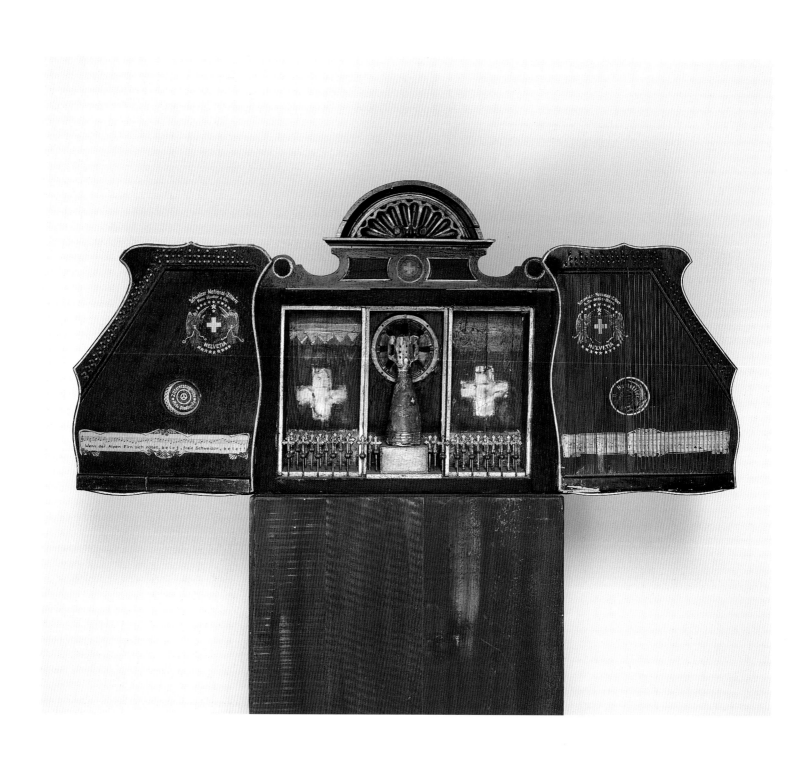

Altar für eine Bombe (Zitteraltar), 1976

Ohne Titel (goldene Käfige), o.J.

Ohne Titel (Auschwitz), 1970

Ohne Titel (mit Dornenkrone), 1976

Ohne Titel (Ohrenbläserei), o.J.

Ohne Titel, o. J.

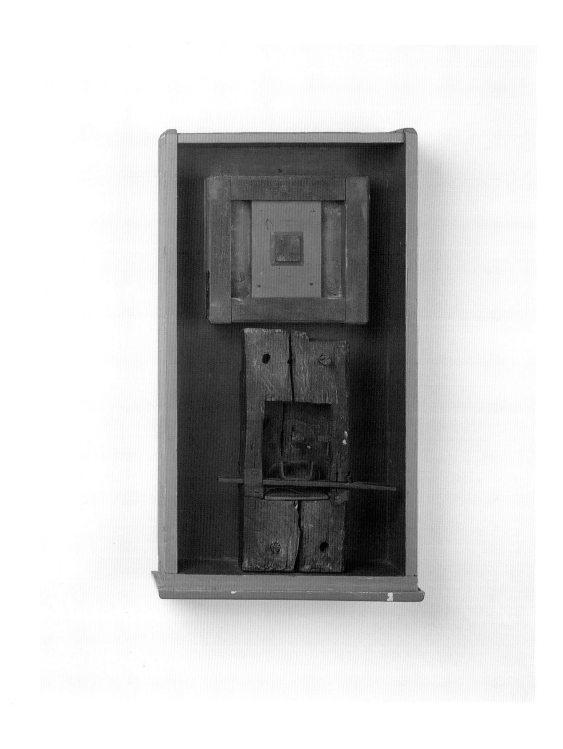

Ohne Titel, o. J.

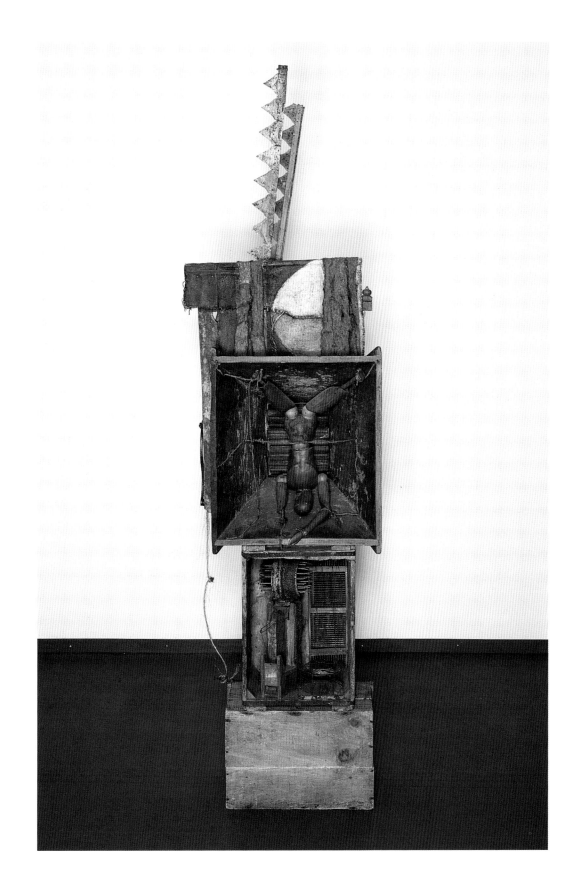

Ohne Titel, o. J. (Vorderseite)

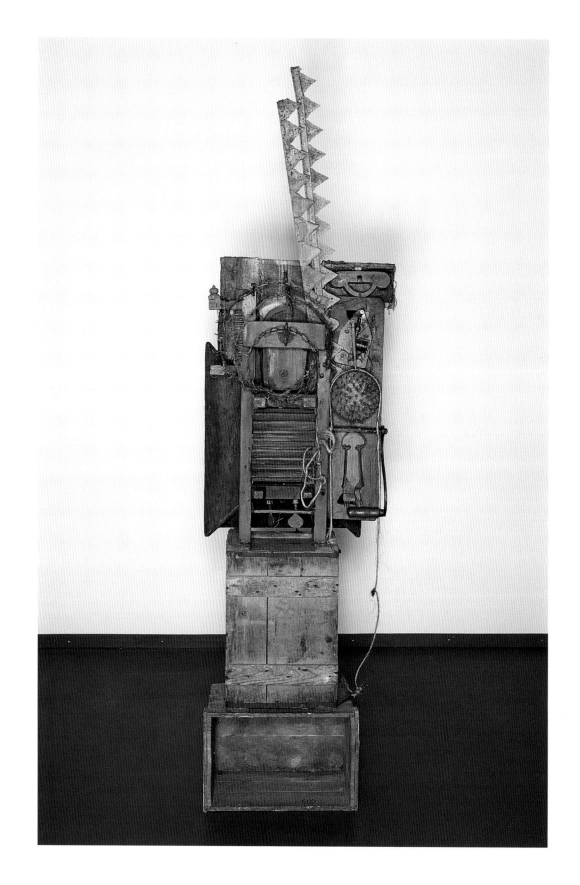

Ohne Titel, o. J. (Rückseite)

Ohne Titel (verstummtes Wasser, zum Environment verstummter Frühling), 1976–1978

Ohne Titel (Schweizer Gütezeichen – Armbrustengel), 1977/78

Ohne Titel (Paradiesbaum), 1977/78

Werkverzeichnis

Die zusätzlichen Titel in Klammern stammen wie die Haupt-
titel von Eva Wipf selbst oder wurden bei Gesprächen mit
der Künstlerin später von ihr hinzugefügt.

Bilder 1947–1968

Seite 43
Einsamkeit, vor 1948
Öl auf Spanplatte
34 x 22 cm
Museum zu Allerheiligen, Schaffhausen

Seite 44
Jongleur über dem Abgrund, um 1948
Öl auf Spanplatte
23 x 27 cm
Privatbesitz

Seite 45
Traumstadt, um 1948
Öl auf Spanplatte
35 x 29 cm
Privatbesitz

Seite 46
Knabenkopf, 1951
Öl auf Spanplatte
62 x 42 cm
Privatbesitz

Seite 47
Selbstbildnis, 1954
Öl auf Spanplatte
92 x 92 cm
(Mittelteil des Triptychons mit Walter Grab
und Erich Rückert, 92 x 240 cm, Seite 140)
Nachlaß RC 185

Seite 48
Die grosse Flut, 1952
Öl auf Spanplatte
65 x 92 cm
Nachlaß RC 183

Seite 49
Paradiesgärtlein, 1952
Öl auf Spanplatte
60 x 75 cm
Privatbesitz

Seite 50
Das zerbrochene Herz, 1952
(aus Zyklus zu Dantes Hölle)
Öl auf Spanplatte
60 x 72 cm
Privatbesitz

Seite 51
Das Licht im irdenen Gefäss, 1954
Öl auf Spanplatte
53 x 72 cm
Privatbesitz

Seite 52
Paradiesgarten, o. J.
Öl auf Spanplatte
25 x 44 cm
Privatbesitz

Seite 53
Jesus im Garten, 1956–1958
(Paradiesgarten mit Knaben)
Öl auf Spanplatte
40 x 50 cm
Privatbesitz

Seite 54
Der rote Garten, um 1968
Öl auf Spanplatte
50 x 64 cm
Privatbesitz

Seite 55
Nächtlicher Garten, vor 1963
Öl auf Leinwand
73 x 100 cm
Privatbesitz

Seite 56
Blaue Bäume unter Nachthimmel, o. J.
Öl auf Leinwand
60 x 73 cm
Privatbesitz

Seite 57
Die Kugel im Garten, 1967
Öl auf Spanplatte
33 x 43 cm
Privatbesitz

Seite 58
Traumgarten, o. J.
Öl auf Spanplatte
56 x 70 cm
Privatbesitz

Seite 59
Baum mit Golgathahügel, o. J.
Tempera auf Spanplatte
46 x 27 cm
Privatbesitz

Seite 60
Räderwerk mit Himmelsstadt, vor 1970
Öl auf Leinwand
130 x 81 cm
Gemeinde Riniken

Seite 61
Garten eines Magiers, 1962
Öl auf Leinwand
51 x 130 cm
Privatbesitz

Seite 62
Räderwerk bei Tag, 1963–1965
Öl auf Leinwand
119 x 183 cm
Privatbesitz

Seite 63
Die Heiligen sind gefangen, o. J.
Öl auf Spanplatte
95 x 142 cm
Kirchgemeinde Saatlen, Zürich

Seite 64
Landschaft mit Himmelsstadt, o. J.
Öl auf Spanplatte
104 x 175 cm
Privatbesitz

Seite 65
Märtyrer II, o. J.
Öl auf Spanplatte
104 x 174 cm
Haus der Stille, Kappel

Seite 66
Generalissimus, 1964/65
Öl auf Leinwand
202 x 118 cm
Nachlaß RC 203

Seite 67
Ruhmreicher Robotergeneral, 1964/65
Öl auf Leinwand
202 x 118 cm
Nachlaß RC 202

Collagen 1965–1974

Seite 69
Ohne Titel, o. J.
(Sklaven, Karfreitagsprozession,
Kennedyfamilie)
51 x 100 cm
Nachlaß RC 904

Seite 70
Ohne Titel (LSD I), o. J.
51 x 100 cm
Nachlaß RC 903

Seite 70
Ohne Titel (LSD II), o. J.
51 x 95 cm
Nachlaß RC 914

Seite 71
Ohne Titel (Prager Pietà), 1968
51 x 100 cm
Nachlaß RC 913

Objekte 1967–1978

Seite 73
Exvoto-Schrein I, um 1964
4 Etagen
Kisten, Schubladen, Uhrensockel,
Kuchengitter, Strohstern, Seifenschale,
Exvoto-Bild, weitere Materialien
201 x 101 x 18 cm
Nachlaß RC 310

Seite 74
Meditationsschrein III, vor 1968
3 Etagen
Kisten, Schubladen, Leiterchen, weitere
Materialien
146 x 134 x 15 cm
Privatbesitz

Seite 75
Exvoto-Schrein II, nach 1964
5 Etagen
Schubladen, Zitherkasten, Sternkarte,
Kuchengitter, Exvoto-Bilder, Spielzeug-
eisenbahnschiene, weitere Materialien
203 x 73 x 8 cm
Stadt Brugg

Seite 76
Kästchen eines Alchemisten II, vor 1971
2 Etagen
Kisten, Schubladen, weitere Materialien
88 x 50 x 9 cm
Stadt Zürich

Seite 77
Alchemistenschrein, o. J.
Schublade, Glasflaschen, Holzkistchen,
Bettgestellaufsatz
111 x 102 x 16 cm
Nachlaß RC 309

Seite 78
Ägyptische Sternennacht, 1974–1976
2 Etagen
Holzkiste, Bocciakugel, Teil eines
türkischen Tisches
67 x 38 x 20 cm
Nachlaß RC 301

Seite 79
Sternenschrein, 1974
Schublade, Holzmodell, Bleistiftspitzer,
Plastik, Lederriemen
56 x 66 x 12 cm
Privatbesitz

Seite 80
Meditationsschrein II, 1970–1974
Astrolobium, Metallteile
74 x 36 x 9 cm
Privatbesitz

Seite 81
Ohne Titel, o. J.
Schublade, Sonnengläser, Maroniblech,
sternenförmiger Kannenuntersatz,
siebenarmiger Leuchter
44 x 32 x 8 cm
Privatbesitz

Seite 82
Schöner blauer Himmel, 1974
3 Etagen
Holzrahmen, Computerteile, technische
Schaltungen, Bakelit-Puppe
62 x 60 x 17 cm
Nachlaß RC 303

Seite 83
Klingel-Tangel-Altar (Niemand Altar),
1975
Spielkiste, Gußeisen in V-Form,
Uhrendeckel, bombiertes Glas,
Hausklingel mit Aufschrift, Metallkreuz
62 x 36 x 7 cm
Nachlaß RC 305

Seite 84
Denkmal für Sichel und Hammer, 1976
Bettgestellaufsatz, Fähnchen, Werkzeuge,
Soldatengrabkreuze, Computerteile,
Holzsockel
122 x 72 x 30 cm
Kunstmuseum des Kantons Thurgau,
Kartause Ittingen

Seite 85
Registrator, 1975
akustisch
Kartonschublade, Spielzeuglokomotive,
elektrotechnische Bestandteile, Drähte,
Spirituskocher
62 x 36 x 21 cm
Nachlaß RC 320

Seite 86
Altar für ein Ufo, o. J.
akustisch
Spanplattenkiste, elektrische Schaltungen,
Empirekonsole mit Alabaster, Kabel
48 x 56 x 35 cm
Nachlaß RC 422

Seite 87
Napoleon-Roboter, o. J.
3 Etagen
Bettgestellaufsatz (Jugendstil), Korb,
Lampenfassung, Schaltungen, PTT-Klingel,
Kabel, Klavierteile
210 x 78 x 32 cm
Kunsthaus Zug

Seite 88
Dornenkronenkopf, 1975
Holzkiste, Hutspanner, Stacheldraht,
Elektrokabel
43 x 57 x 25 cm
Kunsthaus Zug

Seite 89
Ohne Titel, 1976
Verkohlte Kiste, Bienenräuchergerät
54 x 33 x 18 cm
Aargauer Kunsthaus, Aarau

Seite 90
Durcheinander der 10 Gebote, 1976
Holzkiste, Eisenrolle, Teil eines Kruzifix
78 x 73 x 25 cm
Stadt Brugg

Seite 91
Autel pauvre, o. J.
Angesengte Holzkiste,
Weihnachtsbaumständer, Flachshächel
66 x 74 x 29 cm
Museum zu Allerheiligen, Schaffhausen

Seite 92
Das Rad des Lebens (blockiert), o. J.
Verkohlter Holzrahmen, Leiterwagenrad,
Nägel, Papierchristus mit Fliegen,
Computerteile
67 x 73 x 30 cm
Nachlaß RC 325

Seite 93
Höllentor, 1973–1975
Verkohlte Stalltüre, Holzrad, Teil eines
Kruzifix, Nägel, Computerteile
98 x 100 x 22 cm
Nachlaß RC 328

Seite 94
Ikarus (Selbstbildnis), o. J.
Fensterrahmen, Holzrad, Woll- und
Flachskämme, Holzpuppe
119 x 78 x 25 cm
Nachlaß RC 614

Seite 95
Autel pauvre, o. J.
Holzgestell, Tonröhre, Baumpilze,
Schnur, Gazestreifen
58 x 73 x 30 cm
Nachlaß RC 318

Seite 96
Wegkreuz, o. J.
3 Etagen
Exvoto-Madonna in Ofenrosette,
Holzkiste mit Metallteilen, Teil eines
Kruzifix
190 x 76 x 25 cm
Nachlaß RC 317

Seite 97
Autel pauvre, 1976
Bettgestellaufsatz, Holzsägearbeiten,
Miniaturmonstranzen, Baumpilze, Gaze
90 x 82 x 22 cm
Nachlaß RC 308

Seite 98
Ohne Titel (Laubkreuz), o. J.
Holzschublade, Kästchen mit Gittertüre,
Kugel, Kruzifix, zwei Glasflaschen,
Baumpilze, Herbstlaub
47 x 56 x 12 cm
Privatbesitz

Seite 99
Denkmal für den heiligen Pilz, 1975
Kutscherbockkiste mit Kiste, Holzkästchen
mit Baumpilz und Sockel
80 x 31 x 27 cm
Museum zu Allerheiligen, Kunstverein
Schaffhausen

Seite 100
Papierchristus mit Fliegen, 1975
Holzkiste, Gaskocher mit Lämpchen,
Puppe in Schraubzwinge, Papierchristus,
Fliegen
77 x 47 x 20 cm
Nachlaß RC 333

Seite 101
Verstummter Altar (Zitteraltar), o. J.
2seitig
Bettgestellaufsatz, Zitherkästen,
Lautsprecherkasten, gespanntes Tuch,
Gitter, Kerzen, Tücher, Nägel
64 x 98 x 22 cm
Kunsthaus Zug

Seite 102
Altar für eine Bombe (Zitteraltar), 1976
2seitig
Bettgestellaufsatz, Zitherkästen, Laut-
sprecher, Granatenkörper, Grabkreuze
69 x 150 x 34 cm
Kunstmuseum des Kantons Thurgau,
Kartause Ittingen

Seite 103
Ohne Titel (goldene Käfige), o. J.
Holzkisten, Vogelkäfig, mittelalterliche
Weltkugel, Mäusefalle, Schnurkreuz,
Zahnradkranz, Teil eines Kruzifix,
Rundstabgitter
52 x 81 x 31 cm
Nachlaß RC 427

Seite 104
Ohne Titel (Auschwitz), 1970
Holzkiste, Isolierstroh, Wollkämme,
Striegel, Holzzwinge, Teil eines Kruzifix
69 x 86 x 29 cm
Kunstmuseum des Kantons Thurgau,
Kartause Ittingen

Seite 105
Ohne Titel (mit Dornenkrone), 1976
Holzkiste, Vogelkäfig, Blasebalg,
Stacheldraht
58 x 81 x 36 cm
Nachlaß RC 323

Seite 106
Ohne Titel (Ohrenbläserei), o. J.
Holzkiste, Holzreif, Perückenkopf,
Stacheldraht, Glühbirnenfassungen
83 x 63 x 24 cm
Privatbesitz

Seite 107
Ohne Titel, o. J.
Holzkiste, Holzteller, Pickeleisen,
Flachskamm
54 x 46 x 15 cm
Aargauer Kunsthaus, Aarau

Seite 108
Ohne Titel, o. J.
Küchenschublade, Holzquadrat,
Holzschloß
56 x 31 x 11 cm
Privatbesitz

Seite 109
Ohne Titel, o. J. (Vorderseite)
3 Etagen
Filztuch, Filzstreifen, Obstmühle,
Gliederpuppe, Schnüre, Mausefallen
200 x 71 x 37 cm
Kunstmuseum des Kantons Thurgau,
Kartause Ittingen

Seite 110
Ohne Titel, o. J. (Rückseite)
3 Etagen
Verrostete Sägeblätter, Mehlmühle,
Werkzeuge, Striegel
200 x 71 x 37 cm
Kunstmuseum des Kantons Thurgau,
Kartause Ittingen

Seite 111
Ohne Titel (verstummtes Wasser, zum
Environment verstummter Frühling),
1976–1978
Holzkiste, Wollkämme, Wasserhahn
mit Radgriff, Dachlukenfenster,
Emailschüssel, kleiner Holztisch
100 x 48 x 59 cm
Privatbesitz

Seite 112
Ohne Titel (Schweizer Gütezeichen –
Armbrustengel), 1977/78
Säge, Mäusefallen, Küchenstuhl
142 x 101 x 38 cm
Nachlaß RC 649

Seite 113
Ohne Titel (Paradiesbaum), 1977/78
3 Etagen
Orchestrionblechplatte, Holzwinde,
Drahthaspel, Seil
199 x 67 x 59 cm
Nachlaß RC 416

Vier Stationen im maßlosen Leben einer Künstlerin

I. Hegau/Schaffhausen

Weit lehnt die dreizehnjährige Eva aus dem Fenster der Realschule Ramsen. Sie kann sich nicht vorstellen in ihrer Begeisterung, daß andere blind sein können für die Farben, die sich vor ihren Augen ausbreiten, so wunderbar, das bläuliche Licht über dem Kartoffelbeet, ein Gelbstich im Himmel und auf dem Komposthaufen alle Schattierungen von Violett.

Das irritiert. Farbstich, Nuancen, so etwas hat man in Ramsen selten gehört. Ein gelber Himmel, der Birnbaum rot, und violett soll der Miststock sein. Die Bauernkinder wundern sich. Gelacht aber hat niemand, erinnert sich der Klassenkollege Hans Brütsch. Eva war eine Persönlichkeit in den Augen ihrer Mitschüler, ein apartes Mädchen, etwas Besonderes als Pfarrerstochter und geboren in Brasilien, mitten im Urwald, wo es ganz andere Farben geben soll als in Ramsen im Hegau, dem kleinen Schaffhauser Zipfel zwischen Singen und Stein am Rhein.

Hier ist alles überschaubar, offen bis zum Horizont, viel Wiesland, mit Äckern und Feldern durchsetzt, und dazwischen kleine Dörfer. Sie kleben auf den Kuppen und in den Mulden seit alters, und Eva fühlt sich in eine Traumlandschaft versetzt, wenn sie auf ihrem Velo vom Pfarrhaus in Buch den Hügel hinunterfährt, die schnurgerade Straße durch die Allee ins Nachbardorf Ramsen. Der kleine Bach, die Biber, wird für sie zum Kanal, die Mühle zur Künstlerkolonie Worpswede. Ein paar Jahre später wird sie diese Landschaft malen, in ihren eigenen Farben, und sie mit inneren Bildern verschmelzen. »Wahnsinnige Malererregung«, schreibt sie am 6. Januar 1948 ins Tagebuch, »ich fahre den ganzen Mittag um Ramsen bis Biber-mühle herum: blaue Berge, Pappeln, schwarze Erde, Kanal, Birken (sicher fast wie in Worpspreda!).«

Eva Wipf ist nun fast neunzehn und Malerin von Beruf. Erste Erfolge beginnen sich abzuzeichnen.

Einen weiten Weg hat sie zurückgelegt, nicht gradlinig, wie man sich denken kann, und doch konsequent, im Rückblick gesehen. Nach der Realschule ging es im Frühling 1945 weiter mit der Töchterschule in der Kantonshauptstadt, fast zwangsläufig, mit ihren recht guten Noten und wenig handfesten Berufszielen. Das freiwillige Allgemeine Weiterbildungsjahr, im Volksmund oft Mädchenaufbewahrungsanstalt genannt, war als Überbrückungshilfe angelegt, ein Sammelbecken für künftige Krankenschwestern, Handarbeitslehrerinnen, Kindergärtnerinnen, Sozialarbeiterinnen und sogenannte Spätzünder, Unentschlossene. Zu ihnen konnte Eva Wipf sich nicht zählen. Sie wußte längst, daß sie Malerin werden wollte. Die Frage war nur, wie sie mit der Kunst ihren Lebensunterhalt verdienen würde, und so gesehen schien eine Ausbildung im sozial-erzieherischen Bereich naheliegend. Als Älteste von sieben Geschwistern war Eva Wipf gewohnt, Verantwortung zu übernehmen. Sie verstand mit Kindern umzugehen und sich bei Gleichaltrigen Respekt zu verschaffen, war leidenschaftliche Pfadfinderführerin, hatte etwas Mitreißendes, eine pädagogische Ader, den nötigen Gemeinschaftssinn und viel missionarisches Talent.

1
das Missionars-Ehepaar Frieda und Johannes Wipf in Brasilien

2
Eva vor einer Maispflanzung in Paraiso, neun Monate alt

3
Kirche in Santo Angelo do Paraiso

4
Eva mit ihren Geschwistern Elfriede, Liselotte,
Christoph, Hans, Renate und Irene

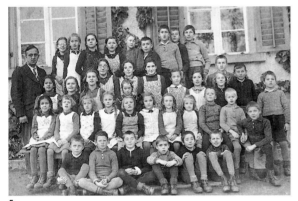

5
in der Schule: das eigenständige Schulmädchen,
obere Reihe: dritte von links

6
in der Freizeit: die unternehmenslustige Pfadfinderin

7
die Pfarrersfamilie wieder in der Schweiz

So mögen die Eltern überlegt haben, die Tochter sah es anders, und es gelang ihr, mitten im Schuljahr, ein Schlupfloch zu finden und eine Anstellung in der Keramikfabrik Schaffhausen. Sieben Monate lang grundierte sie Steingut, verzierte mit Schablonen billige Kinderteller, als eine Art Bewährungsprobe wohl. Im April 1947 bekam sie von der Thayngener Tonwarenfabrik Ziegler einen dreijährigen Lehrvertrag als Keramikmalerin, und mit unglaublichem Eifer begann sie die neue Ausbildung: »Ich muss stets, wo ich steh und geh, an meine angefangene Berufslehre denken und jedes Gelegenheitlein, das mich darin weiterbringen kann, ergreifen und ausnutzen«, notierte sie in ihren Ringordner. Dort versuchte sie festzuhalten, in Schönschrift, was ihr brauchbar schien für das eigene Fortkommen. Angelesenes vor allem, Exzerpte aus Bibliotheksbüchern, Gesetze aus der Farbenlehre etwa, Anleitungen zu verschiedenen Maltechniken, kunstgeschichtliche Allerweltssätze, dramatische Wendungen aus Künstlerbiographien, ethische Absichtserklärungen, auch Ideen für neue Bilder, seitenlange Themenlisten, Reflexionen der eigenen Fähigkeiten, recht weitsichtig, wie eine Episode aus dem Berufschulunterricht das verdeutlicht: »Gestern mussten wir etwa ¼ Stunden das Grossmünster in Zürich anschauen und dann nachher aus dem Gedächtnis wiedergeben. Mit gemischten Gefühlen musste ich konstatieren, dass ich weder recht zeichnen noch beobachten kann. Wer richtig scharf beobachten kann (dazu gehört auch Perspektive richtig Sehen!) wird sehr bald auch zeichnen können. Also: scharf beobachten, Einzelheiten weglassen, stets nur die grosse, richtige Form vor Augen haben (wichtig vor allem auch für die Malerei). Am besten wäre es, wenn ich mich an das Grossformat wagen würde für Bilder, die wirklich ›Malerei‹ sein sollen. Farbfleck an Farbfleck mit tausend herrlichen Abtönungen und

8 und 9
Kirche und Pfarrhaus in Buch, Kanton Schaffhausen

10
Vater Wipf

Kontrasten. Ein Fest der Farben für die Menschen, denen solche Bilder Farbenfreude, frohes Licht und Sonne bringen sollen!«

Als Stimmungsberichte sind die frühen Aufzeichnungen rührend zu lesen, aufschlußreich auch als Dokument. Die Einträge zeugen von Lernbegierde, jugendlicher Ungeduld und einer erstaunlich präzisen Selbsteinschätzung. Mit siebzehn Jahren scheint Eva Wipf gespürt zu haben, wo ihre Stärken und die wunden Punkte lagen. Und daß die kleinfigürliche Keramikpinselei ihr keine Perspektive bieten konnte, mußten auch ihre Vorgesetzten in der Tonwarenfabrik Ziegler allmählich einsehen, im guten Einvernehmen mit Frl. Wipf, wie es im Arbeitszeugnis heißt, »mit ihren Leistungen und ihrem Betragen waren wir in jeder Hinsicht zufrieden«.

Am 6. September 1947 wurde der Lehrvertrag aufgelöst und familienintern ein mündlicher Kontrakt geschlossen. An den Vormittagen sollte die Tochter im Haushalt helfen, die übrige Zeit stand ihr zur freien Verfügung. Im Obergeschoß des geräumigen Pfarrhauses wurde ein Malzimmer eingerichtet, und wieder fühlte Eva sich im siebten Himmel. Hier würde sie arbeiten und bis in alle Nacht hinein in den Ringordnern das Selbststudium fortsetzen, so malte sie sich die Zukunft aus, in den schönsten Farben.

Natürlich konnte das Arrangement auf die Dauer nicht funktionieren. Der Alltag barg Konfliktstoff, die Tochter drängte hinaus. Wollte Ausstellungen besuchen, mit Künstlern in Kontakt kommen, ihnen bei der Arbeit zusehen, sich umschauen in fremden Ateliers – beim Maler Wegmann in Feuerthalen, bei Karl Möritz in Singen und Hans Breinlinger in Konstanz –, von ihnen das Handwerk lernen. Den Horizont erweitern, auf andere Gedanken kommen, in Cafés Gleichaltrige treffen, mit Erwachsenen über Kunst streiten, in kulturellen Zirkeln sich mit Zeitfragen auseinandersetzen, den Vater in Diskussionen verwickeln, ihn über Christentum und Judenverfolgung befragen, und sich selber Gefahren aussetzen, neuen Erfahrungen, möglichst direkt. So verbrachte sie die Winternacht vom 9. auf den 10. Dezember 1947 unter freiem Himmel, streunend durch Schaffhausen. Die Eltern ließ sie glauben, sie schlafe wohlaufgehoben bei einer Freundin, während sie in der

11
beim Festumzug in Ramsen

Rea Brändle

12
Kalte Winternacht, 1948

menschenleeren Kleinstadt auf die Morgendämmerung wartete, sieben geschlagene Stunden lang, um am eigenen Leib zu erfahren, »wie das ist, einsam sein und frieren und hungern«, kommentiert sie das Experiment im Ringordner – und zwei Tage später: »Ich male die schwarze Nacht mit einem schreienden Rot als Licht. Ja, sooo sollte man immer malen können. So wild, so atemlos, ohne Zwang, ohne Langeweile! Aber es ist auch schrecklich. Ich bin wohl an der Grenze oder schon darüber. Der Doppelmensch hat gesiegt.«

Die Metapher vom Doppelleben bleibt latentes Thema in den Tagebüchern, den langen Passagen voller Schuldgefühle, Rechtfertigung und Trotz. Oft wird auf ein Dilemma angespielt, verklausuliert jedoch, wenn es um familiäre Konflikte und häusliche Angelegenheiten geht. Manches wird angedeutet, scheint maßlos übertrieben, belegbare Fakten gibt es wenige, kaum gesicherte Daten oder gar amtliche Angaben über den Wohnort einer Minderjährigen. So fehlt es an verläßlichem Material, und die Auskünfte ihrer damaligen Bekannten sind vorsichtig, widersprüchlich, was Konkretes betrifft. Schwer auszumachen deshalb, wie die Informationen über die junge Eva Wipf im einzelnen zusammenpassen in diesem vielschichtigen Bild: Die malende Pfarrerstochter, die mit ungebrochenem Fleiß an ihren Bildern arbeitete, ungeheuer ernsthaft die künstlerische Entwicklung vorantreibend, in ihrer Malstube mit verschiedenen Stilrichtungen experimentierte und sich fortzubilden suchte, wo immer sich eine Möglichkeit bot. Die Unternehmungslustige, die jede Ausstellung in der Region gesehen haben mußte, mit

13
frühe dramatische Portraits

dem Velo nach Winterthur fuhr, zur Werkschau von Hans Erni, jauchzend vor Glück, wie ihre Jugendfreundin Regula Wildberger sich erinnert. Man habe sich anstecken lassen von ihrer Begeisterung, sei fasziniert gewesen von ihrem einnehmenden Wesen. Eine aparte Person, nach wie vor, und heimliche Bohémienne, die in Künstlerkreisen verkehrte, mit maßgebenden Leuten, sehr gewandt, wenn es darum ging, das eigene Werk ins Gespräch zu bringen. Als Achtzehnjährige, das ist verbürgt, machte Eva Wipf mit ersten Schaufensterausstellungen am Schaffhauser Bahnhofplatz von sich reden, fand früh ihre Förderer. Verbrachte die meiste Zeit nun in der Stadt, notdürftig eingerichtet im Atelier, das Hans Müller ihr in seiner Galerie Forum zur Verfügung stellte. Was später die Legende nährte, als Minderjährige schon habe Eva Wipf sich selbständig durchs Leben gekämpft, sich längst vom Elternhaus gelöst, als ihre Familie im April 1949 nach Brasilien zurückkreiste, nach Cachoeira diesmal, im Auftrag einer deutschen Missionsgesellschaft.*

»Veranlagung und Schicksal haben sie aus der Welt des brutalen äußeren Daseins in eine visionäre Sphäre der Gedanken und Träume getrieben«, schrieb im Februar 1949 »Der Landbote« in der ersten Ausstellungsbesprechung, die in verschiedenen Regionalzeitungen nachgedruckt respektive abgeschrieben wurde. Das Klischee blieb hängen. Eine entbehrungsreiche Jugend wurde ihr fortan angedichtet, jahrelange Akkordarbeit in der Steingutfabrik Thayngen, ein unkonventioneller Lebensstil, und das verlockt(e) zu neuen Projektionen, Bildern von Oppositionsgeist und frühfeministischer Grundhaltung. Eva Wipf scheinen die Legenden wenig ausgemacht zu haben, sie liebte es, nachträglich, die Gerüchte von der verlorenen Tochter zu schüren und sich als Nestflüchtige darzustellen.

Auch die nächsten drei Jahre sind lückenhaft dokumentiert. Eva Wipf war inzwischen volljährig geworden, am 23. Mai 1949, und künstlerisch recht erfolgreich. Mit dem Frühwerk, siebzig Bildern in der ersten Ausstellung, hatte sie Anerkennung gefunden. Weitere Präsentationen waren dazugekommen, im Casino Winterthur, im Konstanzer Club 49, eine Sommerausstellung war in Planung, in der Schaffhauser Galerie Forum wieder, wo Eva Wipf nun offiziell ihren Wohnsitz hatte.

Nein, eigene Möbel habe sie keine besessen, keinen Hausrat, nur ein Velo. Sie habe sich nicht anbinden lassen, berichtet der ehemalige Galerist Hans Müller. Die meiste Zeit sei sie unterwegs gewesen, wochenlang am Bodensee beim Maler Adolf Dietrich in Berlingen. Auch bei Künstlerfreunden in Konstanz und Singen oder bei ihren Trülliker Verwandten zum Helfen während der Ernte. Genaueres habe er nie erfahren, im Herbst 1949 kam eine Karte aus Italien, mit ein paar begeisterten Sätzen. Mit zwei Künstlerfreunden, Sam und Tillio, war Eva Wipf nach Florenz gefahren, hatte sich für ein paar Wochen in einer Pension an der Via San Gallo 35 eingemietet, allein über den Dächern der Altstadt, um Leben und Kunst zu erforschen. Sie wollte sich mit Eindrücken vollsaugen, auf langen Spaziergängen, mit und ohne Skizzenblock. In den Museen studierte sie Kunstwerke, die sie bisher nur aus Büchern kannte, und saß stundenlang in der Bibliothek, exzerpierend und mit Gedankenausflügen beschäftigt, quer durch die Jahrhunderte. »Es ist, als wäre ich schon immer hier gewesen. Tot die Vergangenheit, und ich möchte nicht mehr nach Schaffhausen zurück. Obwohl ich grenzenloses Heimweh habe«, so beginnt das Florentiner Tagebuch und bricht zwanzig Seiten später plötzlich ab, mitten im Satz: »Die alten Meister göttlich verehren, heisst nicht wieder so malen wie sie. Natürlich müssen wir das umpflügen, das noch brach liegt. Das aber heisst noch lange nicht, dass man auf dem vorhergehenden herum –.«

Gut zwei Monate blieb Eva Wipf in Italien. Es war eine Studienreise nach ihrem Geschmack, und dasselbe ließe sich von den Aufenthalten in Amsterdam behaupten, wenn auch in anderem Sinn. Kurzentschlossen wieder war sie abgereist, im November 1950. Eine Schaffhauser Bekannte hatte ihr die Adresse einer Amsterdamer Lehrerin mitgegeben, als Unterkunft für die ersten Nächte, bis sie die Künstlerszene erkundet und etwas Passendes gefunden haben würde. Bald lernte sie die Malerin Renate Van Moosel kennen und quartierte sich bei ihr ein. Sie blieb den ganzen Winter über,

14 und **15**
in Holland, 1950

* Vater Wipf hatte seine Lebensstelle als Pfarrer gekündigt, die Pensionskasse aufgelöst, um mit seiner Familie endgültig nach Brasilien auszuwandern. Die Zustände im Missionsdistrikt erwiesen sich aber als derart desolat, daß die Familie nach anderthalb Jahren in die Schweiz zurückkehrte. Johannes Wipf arbeitete fortan als Vikar in verschiedenen Landgemeinden.

16
mit Renate van Moosel in Amsterdam

Rea Brändle

17
vor dem Künstlercafé in Zürich

18
die Künstlerkolonie Südstrasse in Zürich

19
im intensiven Gespräch

tagelang damit beschäftigt, das fragile Eheleben der Freundin zu ergründen und die eigene Gefühlslage auszuloten. In den Tagebüchern ist jede Verstimmung, jeder Mißton ausführlich beschrieben, was leicht zu falschen Schlüssen führen könnte; die beiden Künstlerinnen blieben sich zeitlebens freundschaftlich verbunden; sie besuchten sich oft während der nächsten Jahre.

Mit vielen Skizzen war Eva Wipf aus Amsterdam zurückgekommen, Zeichnungen vom Hafenviertel und von Freudenhäusern, unzähligen Bildideen und neuem Elan. Das Jahr 1952 bleibt die glücklichste Zeit in ihrer Erinnerung. Sie hatte in der Nähe von Zürich ein Zimmer gemietet, den Sommer verbrachte sie bei einer Lehrerin in Flaach und malte: Landschaften wieder, ins Surreale gewendet, dabei sind die ersten Bilder vom Golgathahügel entstanden, einem Thema, das Eva Wipf während der nächsten Jahre beschäftigen wird, in zahlreichen Variationen.

II. Atelierhaus Südstrasse / Zürich

Furchtbare Depressionen liegen hinter mir. Aber vielleicht wäre es nicht nötig gewesen, sie zu haben. Vielleicht bin ich gar nicht die schlechte Malerin, die ich meinte, ohne etwas Eigenes. Vielleicht habe ich nur einen Fehler: Seh ich ein fremdes Gesicht, kann ich meines nicht mehr ansehen und bekomme grosse Minderwertigkeitsgefühle. Seh ich eine andere Lebensweise – sofort find ich meine nichts mehr wert. Und so ist es auch mit meinen Bildern. Nun, da ich diesen Fehler habe, will ich mich nicht länger mehr von ihm ins Bockshorn jagen lassen. Nun nicht mehr andere Ateliers besuchen, sondern mich abschliessen und an mich glauben. Sonst verunmöglichen mir meine furchtbaren Zweifel jede Arbeit. Und wenn ich ganz isoliert bin für mich, dann wird auch Eigenes entstehen, ohne Einfluss von aussen.

Tagebuch, 25. November 1954

Seit knapp anderthalb Jahren wohnt Eva Wipf in der »Südi«, dem selbstverwalteten Atelierhaus an der Zürcher Südstrasse 79/81. Auf Vermittlung des Malers Jakob Wegmann hat sie im Juli 1953 in der Künstlerkolonie zwei übereinanderliegende kleine Zimmer bekommen, Tür an Tür mit Carlotta Stocker, Alis Guggenheim, Gottlieb Kurfiss, Hans Senn, Walter Hess und den Brüdern Bruno und Secondo Püschel – kurze Zeit später werden Mario Comensoli und Heinrich Kuhn einziehen –, die Ateliers sind begehrt. Ruhig gelegen, unter einem Weinberg am Fuß des Burghölzlihügels, und doch nicht allzu weit vom Stadtzentrum entfernt. Das kommt den Bedürfnissen der fünfundzwanzigjährigen Eva Wipf entgegen; sie geht oft zu Vernissagen und ins Kino, trifft sich hinterher mit Kollegen im Odeon oder im Barfüsser, im Café Select und im Olivenbaum, diskutierend bei einem Glas Wein oder einem späten Imbiß. Man führt ein geselliges Leben, Eva Wipf nimmt daran teil, auch am Kulturgeschehen; am Schauspielhaus hat sie Aufführungen von französischen Symbolisten gesehen und die frühen Stücke von Max Frisch. Begeistert liest sie seinen »Stiller«, Texte von Ingeborg Bachmann, amerikanische Kurzgeschichten. Oder Kriminalromane, manchmal zweieinhalb Stück am Tag, bäuchlings auf dem Bett, sosehr sie sich darüber aufregt, hinterher im Ringordner, und sich bezichtigt, dick und träg zu werden, mit minderwertiger Lektüre das Geld zu verplempern und dem Herrgott den Tag zu stehlen.

Nach solch pauschalen Vorwürfen versucht sie sich aufzuraffen. »Neu-anfang« schreibt sie immer wieder ins Tagebuch und nimmt sich vor, das Leben zu ändern, in kleinen kontrollierbaren Schritten: mit Abmagerungs-kuren, fixen Arbeitsstunden und Verzicht auf Schleckereien und andere Luxusdinge.

Zeit und Geld – das protestantische Arbeitsethos macht sich bemerkbar, jetzt in Zürich, wo der äußere Druck fehlt und ein Alltag gefunden werden müßte, ein fester Rhythmus. Mit dem Status einer freischaffenden Künstlerin tut Eva Wipf sich schwer, verzweifelt versucht sie, den Tagen einen Ablauf zu geben, der Zeit eine Struktur und den Ausgaben einen verbindlichen Rahmen. Fortwährend stellt sie Budgets auf, die Rechnerei wird zur Manie, in absurd anmutenden Dimensionen bald:

Ich muss nun anfangen, unsinnig zu sparen.

Kein Joghurt mehr	ca. Fr.	6.–
keine Zeitung	Fr.	3.–
Kino	Fr.	6.–
Schoggi	Fr.	4.–
Tram	Fr.	4.–
	Fr.	23.–

Allein durch obige Vergnügen lässt sich über 20 Fr. sparen = 1 Bilderrahmen
Tagebuch, 7. August 1955

Um 5 Uhr aufstehen statt um 9	= 4 Std. pro Tag
Im Monat = 120 Std.	= 15 Arbeitstage à 8 Std.
Im Jahr 12 x 15 Arbeitstage	= 180 Tage = genau 6 Mt.

Unglaublich! Aber mathematisch nachweisbar: Die Erfolgreichen haben genau ½ Jahr pro Jahr mehr als die Faulpelze. Sie arbeiten 1½ Jahr innert Jahreszeit.
Tagebuch, 17. Oktober 1955

Die Vorsätze werden unrealistisch; maßlos die Vorwürfe und Selbstkontrol-len. Von der kleinsten »Sünde« fühlt Eva Wipf sich aus dem Gleichgewicht geworfen, im wörtlichen Sinn. Täglich stellt sie sich auf die Waage – sechzig Kilo muß sie registrieren, voller Abscheu, mit ihren 156 Zentimetern –

20
Portraitaufnahme von Vergita Gianini

126

21

21 und **22**
wohnen und arbeiten
im Atelierhaus Südstrasse

22

verordnet sich erneut Fastenkuren, noch rigorosere Diäten, ein Hunger-leben im Dienste der Kunst, wie sie sich einredet, um die Trägheit zu überwinden und endlich wieder arbeiten zu können.

An solchen Tagen will ihr nichts gelingen, und aus Frustration verschlingt sie eine Tafel Schokolade oder einen Wurstsalat mit Mayonnaise, verschämt im Selbstbedienungsrestaurant am Kreuzplatz. Und daran hat sie dann stundenlang zu kauen, nachts im Ringordner, wenn sie nicht malen kann und nebenan in einem Atelier ein Fest gefeiert wird. Durch die dünnen Wände hört sie die Kollegen lachen, und das treibt sie in verquälte Halbträume vom Hungerkünstlertum. Entsagung und Rückzug, schwört sie sich im Tagebuch, immerzu arbeiten, heimlich sich rüsten zur großen Schlacht wie einst Napoleon, heimlich krampfen, ein eigenes Werk schaffen, um dann den Triumph gehörig auskosten zu können. So äußert sich in den Verzicht-phantasien auch unterdrückter Ehrgeiz. Erfolg ist ihr wichtiger, als sie zugeben will.

Der Geltungsdrang aber verträgt sich schlecht mit den christlichen Beschei-denheitsidealen; in den Nachtgedanken kann Eva Wipf ihre Eitelkeiten ausleben: »Man wird mich bald nicht mehr kennen! Ich werde mir einen Büstenhalter machen lassen nach Mass, ebenso einen Gummischlüpfer. Zweitens eine langsame, aber sichere Entfettungskur. Weiter Nylonwäsche anschaffen und einige wirklich schöne Kleidungsstücke. Die Haarfrage endlich lösen. Hinten Dauerwellen machen, von nun an die Haare täglich bürsten, oft mit Eierschampo waschen. Ich darf nicht warten, bis das Geld verbraucht ist, jetzt muss ich mich aufmachen, mich um gute Bekanntschaf-ten mühen, damit ich dann, wenn mein Geld fertig ist, einen Kreis habe, der Bilder von mir kauft«, schrieb sie am 1. August 1954 in den Ringordner.

Im Haus galt sie als Außenseiterin. Man habe ihre Arbeiten selten zu sehen bekommen, höchstens geahnt vielleicht, daß da ein bedeutendes Werk im Entstehen sei, sagt rückblickend der Maler Walter Hess.

Nach außen hin führte Eva Wipf ein ausgefülltes Leben.

Natürlich lassen die Depressionen sich nicht auf Kilogramm reduzieren, und auch nur vordergründig auf das Geld. Von ihrer Mutter hatte Eva Wipf im Sommer 1953 ein Sparbuch erhalten. Sie wollte es nicht antasten. Vom Vater bekam sie zeitlebens kleine Geldbeträge zugesteckt. Das ist in den Taschenkalendern auf den Franken genau festgehalten, ebenso die kleinen Zuwendungen ihrer Schwestern und Freundinnen sowie die vielen Lebens-mittel, die ihr aus dem Verwandten- und Bekanntenkreis zugeschickt wur-den, »Fresspäckli«, wie man das damals nannte. Auch konnte sie weiterhin ab und zu Bilder verkaufen.

Vom Materiellen her also bestünde kein Grund für die panikartigen Existenzängste. Das weiß Eva Wipf selber auch. Und daß sie weiß, wie sehr sie sich mit ihrem Verhalten in einen Teufelskreis hineinmanövriert, macht die Lage noch komplizierter: »Mein Leben ist ein jämmerliches Schauspiel geworden. Ständiges Seilziehen zwischen den grössten Willensanstrengun-gen und dem leichtsinnigsten Sich-Gehenlassen. Einmal hart und asketisch, dann wieder die Reaktion des Schlemmens. Meistens bin ich müde«, schrieb sie am Pfingstmontag 1954 in den Ringordner. »Dann raffe ich mich wieder auf, mit zusammengebissenen Lippen, arbeite, sacke wieder zusammen, bin zu nichts fähig, weder zu malen noch spazieren zu gehen, mag nicht lesen, nicht schreiben, nicht hocken, es ist jämmerlich, meine Schwachheit zu sehen. Und nach aussen halt ich den Schein von Starkheit, will in jeder Freundschaft die Überlegene sein, in deren Hand die Freundschaft liegt. Das geht so weit, dass ich den andern plage, in Aufregung versetze, mit ihm spiele, ihn unterdrücke und wieder begnadige.«

Den engsten Vertrauten waren die Probleme nicht verborgen geblieben. Sie reagierten, so gut sie konnten. Rieten ihr, sich in psychiatrische Behandlung zu begeben oder irgend eine Halbtagsstelle anzunehmen, und sei es nur als Selbstschutz gegen das endlose Grübeln.

Eva Wipf hat sich solchen Ratschlägen nicht verschlossen. Bereits im August 1951 konsultierte sie erstmals eine Psychiaterin, drei Jahre später ließ sie sich gründlich untersuchen. »Bekomme lange Behandlung in Aussicht gestellt«, notierte sie am 26. März 1954 im Taschenkalender. Zu einer Psychoanalyse aber konnte sie sich damals nicht durchringen; sie brach die Behandlung ab, drei Monate später, als die Schaffensblockade sich etwas gelockert hatte, so daß sie wieder arbeiten konnte, völlig in Atem genommen bald von neuen Werken, Bildern für die beiden Zürcher Gruppenausstellungen in der Galerie Palette und im Helmhaus.

So war es auch später. Mehrmals hat Eva Wipf ernsthafte Anläufe gemacht, sich auf Therapien einzulassen, in akuten Notsituationen jeweils. Im Vordergrund stand die Hoffnung, möglichst schnell wieder arbeitstüchtig zu werden. Dieser Erwartungsdruck muß zu unerträglich spannungeladenen Situationen geführt haben, das läßt sich erahnen anhand der kurzen Bemerkungen in den Taschenkalendern. »Er sagt, dass ich im Burghölzli lande, wenn ich die Malerei nicht aufgebe«, begründet sie im August 1955 den abrupten Abbruch einer freiwilligen Internierung in der Klinik Rheinau. Und ein paar Monate später, in einer Zürcher Privatpraxis diesmal, fühlt sie sich von ihrer Analytikerin zutiefst verstanden: »Sie sagt, Sie machen eine merkwürdige Entwicklung durch. Wie eine Raupe, die sich verpuppt und dann ganz hoch fliegen wird; dass wir alle staunen werden.«

Das war es, was die junge Künstlerin hören wollte und mehr noch, mehr und nie genug. Eine solche Bemerkung, von der Psychiaterin beiläufig hingeworfen vielleicht, konnte Eva Wipf förmlich aus der Fassung bringen. Außer sich vor Erregung suchte sie das Gespräch weiterzuführen, fiktiv im eigenen Kopf und in verzweifelten Aktionen, die Ärztin zu erreichen, auch außerhalb der Sprechstundenzeit, mit Telefonanrufen, mehreren pro Tag und manchmal mitten in der Nacht.

Wie weit die Fachleute überfordert waren, kann ich nicht beurteilen. Könnte mir höchstens vorstellen, wie leichtfertig Eva Wipf, in der Hoffnung auf sichtbaren Erfolg, sich Tabletten verschreiben ließ, Psychopharmaka, von verschiedenen Ärztinnen und Ärzten, bald mehrere Präparate gleichzeitig und in zunehmend höherer Dosis. Noch ist sie überzeugt, den Medikamentenkonsum unter Kontrolle zu haben. Sie glaubt fest daran, die Pillen nur in Notsituationen einsetzen zu können, als Wundermittel während der endlos langen Vormittage, wenn sie am Frühstückstisch hängenbleibt, außerstande, die paar Treppenstufen ins Atelier hinaufzugehen. Wenig würde es brauchen, redet sie sich ein, einen kleinen Kick von außen, um den Pinsel wieder in die Hand zu nehmen und sich in die Arbeit zu versenken, so intensiv und selbstvergessen, bis alle Zweifel sich in Luft aufgelöst haben werden. Nur die Arbeit würde sie aus dem schwarzen Loch herausholen, davon war Eva Wipf überzeugt.

26
Ausstellung im Strauhof, Mai 1965

27
Einführung durch Dr. Barz

23
mit Regula Wildberger

24 und **25**
Eva Wipf und Vergita Gianini
beim Zürcher Künstlermaskenball

»Bin daran, mich aufzugeben. Meine Rettung liegt nur noch in reiner Arbeit, der Malerei«, heißt es am 27. Februar 1955 im Taschenkalender. Kurz zuvor hatte Eva Wipf sich in einem Antiquariat einen Stapel amerikanischer Magazine erstanden, Rohmaterial für gesellschaftskritische Collagen. Eva habe sich seit jeher mit aktuellem Zeitgeschehen beschäftigt, berichten ihre Bekannten. Vielleicht war die Schnipselarbeit anfänglich auch bloß eine Art selbstverordneter Therapie, ein Mittel zur eigenen Disziplinierung. Das löste die Verkrampfung, im Mai malte sie »Neues Leben aus den Ruinen«. Ähnliches läßt sich auch später beobachten. »Ausgeschnitten. Langweilt mich«, heißt es 1975 verschiedentlich in den Taschenkalendern, »komme kaum vorwärts, müde und unlustig«. Trotzdem arbeitete sie weiter, bis sie, von einem Tag auf den andern, zur Malerei zurückfand. »Landschaft völlig verändert, setze blaue Kreuzkugel hinein. Überglücklich«, schrieb sie in die Agenda. Das unfertige »Schlachtfeld« hatte sich innerhalb weniger Tage in die »Winterlandschaft« verwandelt. Eva Wipf arbeitete wieder am »Blauen Labyrinth« und am »Golgathahügel«, dem »Garten des Magiers« und am »Grossen König«. Noch dünner als bisher wollte sie die Farben auftragen, um die Bilder von innen her zum Leuchten zu bringen. Schicht für Schicht haben die Werke sich verändert im Laufe der Monate und Jahre.
In wahrer Engelsgeduld entstanden, denkt man sich bei ihrem Anblick.

Wie die Selbstmotivation immer wieder zustande kam, bleibt ein Rätsel. Das gilt besonders für die traumatischen Vorkommnisse während der nächsten Studienreise. Ende März 1960 war Eva Wipf nach München gefahren, mit der vagen Absicht, Privatstunden im Malen zu nehmen. Vor allem wollte sie Abstand vom Zürcher Alltag gewinnen, neue Impulse, und den Freundeskreis erweitern. Dabei geriet sie in ein Vakuum, verlor das Gefühl für Nähe und Distanz. Auf ihre neuen Münchner Bekannten muß Eva Wipfs Verhalten bedrohlich gewirkt haben, sie fühlten sich von ihr belästigt, und in der Folge einer unglücklichen Verkettung der Ereignisse – genau läßt sich das nicht mehr rekonstruieren – wurde sie in der Nacht vom 15. Juni aufs Polizeirevier gebracht und wegen Verdachts auf Medikamentenmißbrauch in die Psychiatrische Klinik Haar eingeliefert. »Vollkommene Selbstbetrügerin« lautete die Diagnose des behandelnden Arztes. So will Eva Wipf es gehört haben, sie selber sah sich als Opfer böser Machenschaften, gefangen in einem Netz von Intrigen, von der Südstrasse aus gesponnen, und aus ihrer Sicht wäre es fast zu einer lebenslänglichen Zwangsinternierung gekommen, hätte ihre Zürcher Psychiaterin nicht energisch interveniert.
Am 2. Juli wurde Eva Wipf aus der Klinik entlassen. Sie reiste gleichentags nach Zürich zurück, wollte so rasch wie möglich in den Alltag zurückfinden. So setzte sie sich selbst unter Leistungsdruck. Die Kollegen an der Südstrasse sollten »nicht den Triumph haben, dass ich verrecke«, schrieb sie am 30. Juli in den Taschenkalender. »Ich will auf die Zähne beissen und arbeiten.« Das tat sie auch, den ganzen Sommer über, malte an der »Landschaft mit Turm«, dem »Blauen Labyrinth« und der »Vier-Dimensionen-Landschaft«. An den Weihnachtsausstellungen im Zürcher Helmhaus und im Museum Allerheiligen von Schaffhausen stellte sie ihre neuen Arbeiten aus.

Während der Schaffensphasen scheinen die Komplexe wie weggeblasen. Bewältigt waren sie nicht. Auch die Geldfrage blieb ungelöst, ein ständiges

Thema im Tagebuch. Im Grunde hatte Eva Wipf wenig einzuwenden gegen die Ratschläge, eine Teilzeitstelle anzunehmen, das geht aus den Aufzeichnungen hervor. Je konkreter sie sich aber mit der Arbeitssuche beschäftigt, desto mehr wird daraus ein prinzipielles Thema: Als wäre das Ansinnen einer bezahlten Tätigkeit ein verschlüsseltes Mißtrauen den kreativen Fähigkeiten gegenüber, ein Verrat an der Kunst gar, wenn Bekannte ihr rieten, mit Illustrationsaufträgen ein festes Nebeneinkommen anzustreben. Über derartige Zumutungen konnte Eva Wipf sich im Ringordner seitenlang ereifern.

Möglicherweise hatte der Widerstand noch eine andere Wurzel. Mit ihren dreißig Jahren mußte Eva Wipf feststellen, daß sie bisher nichts Zählbares zustande gebracht hatte, weder einen höheren Schulabschluß noch eine fertige Lehre. Wiederholt nahm sie sich vor, ein Diplom im Maschinenschreiben zu erwerben und mit Büroarbeit Geld zu verdienen. Dann wieder sah sie sich als erfolgreiche Galeristin oder kokettierte mit der Rolle einer unterbezahlten Hilfskraft; das illustriert ein Inserat, das sie in den Ringordner klebte: »Gesucht per sofort Frauen für Montag/Dienstag zum Flaschenwaschen, Etikettieren etc. Stundenlohn 2.80 Fr.«

Die Pläne kamen zu keinem Ende, so verstrich die Zeit, erst im Herbst 1961 ließ Eva Wipf sich von ihrer damaligen Freundin, der Künstlerin Vergita Gianini, zu einer Teilzeitarbeit überreden. Für die Küsnachter Armaturenfabrik ging sie hin und wieder auf Stör, putzte Telefonapparate in Privatwohnungen und großen Firmen. Fast ein Jahr lang war sie sporadisch im Reinigungsdienst tätig, und es gehört zu den Grotesken in Eva Wipfs Biographie, daß sie beim Apparateputzen in einem Zürcher Chefbüro mit ihrem späteren Gönner ins Gespräch kam, nichts ahnend vom glücklichen Zufall.

Endlos kreisende Grundsatzfragen im Ringordner, in den Taschenkalendern unzählige Spuren von konkreter Alltagsbewältigung: »Küchenkasten umgeräumt, Vorräte in Gläser abgefüllt, Gläser mit Etiketten versehen, Zusammenstellung der Miniaturen gemacht, fertige Bilder in Mappen versorgt, Mappen beschriftet, in den Estrich gebracht, Collagen numeriert, alle Briefe neu geordnet, Karteikärtchen gekauft, Buchhaltungsheft angefangen, wird tipptopp«.

Man möchte die Stunden nicht zählen müssen, während denen Eva Wipf versuchte, sich Übersicht zu verschaffen in den beiden vollgestopften kleinen Zimmern an der Südstrasse, sich neue Ordnungssysteme ausdachte, eine effizientere Handhabung der administrativen Belange und andere Möglichkeiten zur Aufbewahrung des lebensnotwendigen Kleinkrams. Kriminalromane las sie nicht mehr so viele wie früher, dafür Ratgeber verschiedenster Sparten, zunehmend Literatur über Buddhismus und östliche Meditationen. Sie interessierte sich für Yogaübungen und Okkultes, für Biorhythmen, Zahlenmystik, Farbhoroskope. Statt ins Kino ging sie nun immer häufiger zu esoterischen Vorträgen, Kursen und Wochenendseminaren. Kommentarlos exzerpierte sie ganze Seiten aus populärwissenschaftlichen Schriften in ihren Ringordner, zum reinen Zeitvertreib, könnte man glauben, gäbe es nicht immer wieder überraschende Versuche, die Lektüre direkt auf die künstlerische Arbeit zu übertragen. Aus der Beschäftigung mit dem Disparaten bezog Eva Wipf neue Kräfte:

28
Eva Wipf feiert ihren 36. Geburtstag im Strauhof

29
mit ihrer Schwester Irene

30
mit dem stolzen Vater

31
das Fischerhaus in Merenschwand, Kanton Aargau

32
Eva Wipf übernimmt die Gestaltung
des Gartens

»Mit frischem Mut an die Arbeit. Drei neue Bilder gemalt, ganz neuartig: Alchemistische Magie. Sehr geheimnisvoll. Nun zeigt sich mein Weg immer deutlicher. Nicht das ›Gärtchen des Albert Magnus‹ malen, naturalistisch – sondern die Magie des Magnus an sich. Mit Chiffren und Zeichen, magischen Symbolen, modernen Ikonen.«

Tagebuch, 15. März 1965

III. Merenschwand/Freiamt

Ende Juni 1966 hat Eva Wipf an der Südstrasse gekündigt. Der Entschluß war überfällig. Seit Monaten hatte sie ihr Zürcher Atelier nur noch sporadisch benutzt, sich mehr und mehr installiert im stattlichen Bauernhaus ihrer Freundin und Mäzenin Mariann Werner. Im hellen Eckzimmer des Obergeschosses hatte sie die Staffelei aufgestellt, in den anliegenden Räumen ein Büro und das Schlafzimmer eingerichtet, bald auch im Kellergewölbe und im Dachgeschoß sich ausgebreitet, mit ihren unzähligen Sammelobjekten, und sich im Garten zu schaffen gemacht. Eigenes Gemüse wollte sie ziehen, Beeren und Salat, und die leicht verwilderte Gartenanlage wieder instandsetzen, mit Buchsbäumen und Kieswegen, die zum Herzstück des Merenschwander Paradiesgartens führen sollten, einem Rondell, fast wie auf den Bildern von Adolf Dietrich.

Kennengelernt hatten sich die beiden Frauen im Sommer des Jahres 1962 während eines zweiwöchigen Ferienaufenthalts auf der Insel Elba mit der gemeinsamen Schaffhauser Freundin Elisabeth Scherrer. Bald darauf war der Plan entstanden, zusammen aufs Land zu ziehen. Mariann Werner hatte ein paar Monate später das geräumige Fischerhaus in Merenschwand gekauft und einiges renovieren lassen, weitgehend nach den Vorstellungen von Eva Wipf.

Sie aber ließ sich Zeit mit dem Umzug, brauchte fast zwei Jahre, ehe sie sich abfinden konnte mit den Konsequenzen, die ein Rückzug ins abgeschiedene Bauerndorf mit sich bringen würde. Nur zu deutlich muß sie geahnt haben, worauf sie sich einzustellen hatte: mehr als eine Stunde würde sie jeweils brauchen, um mit den öffentlichen Verkehrsmitteln nach Zürich zu fahren; an kulturelle Abendveranstaltungen wäre kaum mehr zu denken, viel zu früh müßte sie sich auf den Heimweg machen, um in Affoltern am Albis das letzte Postauto ins Freiamt nicht zu verpassen. Das hieß, auf die bisherige Lebensweise zu verzichten, auf die Taxidienste ihrer Freundin angewiesen sein oder selber Fahrstunden nehmen.

So war sie hin und hergerissen. »Heim nach Merenschwand!« steht am 11. Dezember 1964 in der Agenda. Das war nach einem Krach mit Kollegen an der Südstrasse; zwei Wochen später, beim Anblick des verschneiten Gartens, fühlte sie sich lebendig begraben: »Habe Angst. Angst vor Provinzialismus und Ausschliesslichkeit.«

Auch im künstlerischen Schaffen äußerte sich der Zwiespalt, sehr produktiv wiederum. Eva Wipf malte an ihren schönsten Paradiesgärten und gleichzeitig am neuen Zyklus der Maschinenmenschen. Räderwerke brechen in die blauen Landschaften ein, bedrohen die abgezirkelte Ordnung der Gartenbeete. Auf den frisch grundierten Leinwänden beginnen Roboter sich breit zu machen, Ordensträger, Kriegstreiber, wachsend ins Überlebensgroße. Der »Generalissimus« sprengt die bisherigen Formate, als verhöhne er die Miniaturen, die Eva Wipf zur selben Zeit geschaffen hat, in manischem

Arbeitstempo, maßlos bis zur Erschöpfung. In den letzten Tagen und Nächten vor der Vernissage am 4. Mai 1965 signierte sie ihre neuesten Bilder für die große Retrospektive in der städtischen Kunstkammer, dem Zürcher Strauhof.

Die Kritiker waren von der thematischen Ambivalenz offensichtlich fasziniert. Etwas hilflos zwar, aber mit großem Respekt versuchten sie, ihre Eindrücke zu formulieren. »Die Künstlerin erlebt die Polarität unserer Zeit voll mit, jenes Eingespanntsein zwischen zwei Extremen von nüchterner Technik und Sehnsucht nach dem Irrealen. So tauchen zwischen Maschinengebilden, die an sich nicht bösartig wirken, die aber trotz ihrer Geordnetheit wie zerrissen anmuten, stets wieder geheimnisvolle Kugeln auf«, schrieb die Zürichsee-Zeitung. Der Rezensent der NZZ entdeckte »ein Werk, das sich konsequent entwickelt und immer neue Themen erschliesst«. So sei es Eva Wipf gelungen, überzeugende Symbole zu schaffen – das Räderwerk und die blaue Kugel – »und eine verwirrende Fülle von Radkränzen, Achsen, Transmissionen sich nach allen Seiten vervielfältigender Mechanismen«. Auch in der Zürcher Woche wurde auf den »unbändigen Gestaltungswillen« hingewiesen. »Einige ihrer Arbeiten sind von einer konzeptionellen, ideellen, linearen und malerischen Dichte, so dass man bass erstaunt ist, auf ihre Malerei nicht früher aufmerksam geworden zu sein! Ein Dubuffet würdiges absolutes Meisterwerk ist der ›Märtyrer‹, von selber Urkraft und malerischer Sensibilität ›Wucherndes Räderwerk bedroht die blaue Kugel‹.«

Nach ihrer Gewaltsanstrengung war Eva Wipf nicht in der Lage, den Erfolg zu genießen. Statt dessen stürzte sie sich in erneuten Aktivismus, wie besessen von der Idee, den Erlös aus den verkauften Bildern möglichst gewinnbringend anzulegen. Mehrmals pro Woche erkundigte sie sich an den Bankschaltern der Zürcher Innenstadt nach aktuellen Aktienkursen. Oder sie kaufte Briefmarken, als Investition, wie sie betonte; ganze Tage konnte sie damit verbringen, die Neuerwerbungen zu sortieren und sie nachts erneut umzuordnen, unschlüssig, ob sie ihre Sammlung auf philatelistische Wertmaßstäbe ausrichten sollte, nach Sujets respektive Ländern gruppiert, oder am Ende doch besser ausgehend von subjektiven Vorlieben, dem eigenen Beurteilungsvermögen für die künstlerische Qualität jeder einzelnen Marke.

Sie lebte teils in Zürich, teils in Merenschwand, hielt es nirgends lange aus, im Herbst 1965 reiste sie zu einem zweiwöchigen Selbsterfahrungskurs nach Karlsruhe, ebenfalls im Dezember sowie im Februar des folgenden Jahres, im Mai wohnte sie zehn Tage bei einem Onkel in Paris, anschließend besuchte sie einen Yogakurs im Tessin, Ende Juni 1966 entwarf sie ein Bürgerrechtsgesuch an das brasilianische Konsulat; fünf Tage später endlich fand der Umzug statt.

Bei einem Spaziergang im September fühlt sie sich von den Freiämtler Maisfeldern an die ersten Lebensjahre in Paraiso erinnert.

In Merenschwand hoffte Eva Wipf zur Ruhe zu kommen. Am Morgen absolvierte sie ihre Yogaübungen, ging zeitig ins Atelier, und wenn sie mit der Arbeit nicht weiterkam, machte sie sich in Küche und Garten nützlich. Ein idealer Ausgleich für überreizte Nerven, möchte man annehmen. Ohne zu bedenken, welche Knochenarbeit in einem solchen Garten steckt und was sich abspielen könnte, wenn eine fünfunddreißigjährige Eva Wipf auf den Knien das Unkraut ausrupft oder sich mit der Baumschere an den Buchs-

33

34

35

36

Rea Brändle

kugeln abmüht und dabei den Phantasien freien Lauf läßt. Die Tage davonrennen sieht – und mit ihnen den Ruhm als Künstlerin –, während sie sich als unbezahlte Dienstmagd abzurackern hat und so ins Selbstmitleid hineinrutscht. Es nicht fassen kann, daß Mariann Werner gern ein bißchen Zeit für sich haben möchte, wenn sie abends aus dem Büro des Bezirksspitales Affoltern heimkommt. Wenn sie nicht sofort die umgegrabenen Gartenbeete bemerkt, die pikierten Setzlinge, den frisch geernteten Salat auf dem Eßtisch oder die kleinen Gebrauchsgegenstände, die Eva tagsüber beim Altwarenhändler gekauft hat, Rohmaterial für die Assemblagen und neuen Schreine. Einiges hat sich aufgestaut an solchen Tagen. Hausfrauensyndrom, vermutet man, ohne sich zu vergegenwärtigen, wieviel Hingabe in jedem Garten steckt und welche Arbeit demnach im Paradiesgarten von Merenschwand.

Immer mehr also hat sich angestaut im Laufe der Zeit, Eva Wipf muß es loswerden – wann wäre der richtige Moment dafür? –, sie selber ist oft wochenlang kaum ansprechbar, verbarrikadiert sich oben im Atelier, in unerträglichem Zeitdruck, bevor sie ihre neuen Arbeiten abzuliefern hat, termingerecht zur Prämierung in Zürich und Schaffhausen.

Die Muster wiederholen sich, extremer noch. Regelmäßig nach ihren Parforceleistungen – 1967 für die Werkschau der GSMB+K im Zürcher Kunsthaus, 1968 für die große Einzelausstellung in Konstanz, 1969 nach der Vernissage in Aarau – mußte Eva Wipf sich ein paar Wochen in der Zürcher Bircher-Benner-Klinik vom Streß erholen. Unter ärztlicher Aufsicht versuchte sie, mit Schlafkuren einen körperverträglichen Rhythmus wiederzufinden, eine maßvolle Lebensweise.

Die Kuren wurden jedesmal länger, die Behandlungen wirkungsloser. Im Dezember 1970, nach der Ausstellung in Langenthal, versuchte man es mit Goldspritzen. Zuvor noch hatte Eva Wipf ein Empfehlungsschreiben in eigener Sache verfaßt und es bündelweise an maßgebende Leute verschickt – an sämtliche regionalen Kulturkommissionen, die Mitglieder des Rotary-Clubs, alle Aargauer Galeristen –, und im Zürcher Krankenzimmer setzte sie ihre Aktionen fort. Aus Panik vermutlich – mit ihren vierzig Jahren glaubte Eva Wipf, die Zukunft nun energisch in die eigene Hand nehmen zu müssen – telefonierte sie mit Dutzenden von Zeitungsredaktionen, bat um Interviewtermine. Dreieinhalb Monate verbrachte sie in der Klinik und wäre gern noch länger geblieben, hätte man sie im Frühling nicht heimgeschickt mit dem Ratschlag, sich möglichst viel im Freien zu bewegen.

In Merenschwand geriet Eva Wipf bald wieder ins alte Fahrwasser.

Mariann Werner redet sachlich über die problematischen Seiten des Zusammenlebens. Daß die gemeinsamen Jahre ihr viel bedeutet haben, muß sie nicht betonen. Auf dem Klavier im Wohnzimmer steht ein dreiteiliger Schrein; das Obergeschoß erinnert an ein Museum. Die Räume sind fast leer, an den Wänden hängt eine erlesene Kollektion, ein Querschnitt aus dem künstlerischen Schaffen der Freundin. Aus den Fenstern im Eckzimmer sieht man auf den Garten hinunter; er ist unverändert geblieben. Jedes Jahr schneidet Mariann Werner die dreißig Buchsbaumkugeln, genau so, wie Eva Wipf sie immer haben wollte.

»Muss tüchtig lernen, Besuche zu empfangen, es ihnen gemütlich machen«, heißt es am 8. Februar 1967 im Notizbuch. An diesen Vorsatz versuchte Eva

38
Klassentreffen in Ramsen, 1968

39
Ausstellung in Langenthal, 1970
Einführung durch Fritz Gaffner

Wipf sich zu halten, auf ihre Weise freilich. Zeitlebens hat sie sich um Freundschaften bemüht, betrieb zeitweise ungeheuer intensive Briefwechsel und pflegte eine umfangreiche Korrespondenz. Sie besuchte regelmäßig ihre Familie, die langjährigen Bekannten in Schaffhausen, Singen und Konstanz, telefonierte oft, traf Abmachungen zu Plaudernachmittagen in Zürcher Lokalen, ließ sich gern einladen zu Ausflügen und kleinen Kunstreisen ins Ausland.

Die Zusammenkünfte sind den Beteiligten in guter Erinnerung geblieben. Eva Wipf war unterhaltsam, anpassungsfähig. Sie besaß die Gabe, anderen Personen das Gefühl zu geben, der wichtigste Mensch in ihrem Leben zu sein. Bei aller Kontaktfreudigkeit aber scheint Eva Wipf immer weniger Lust verspürt zu haben, ihre neuen Freunde und Freundinnen mit den altvertrauten bekannt zu machen. Sie schaffte es nicht mehr, ihre liebsten Menschen zusammenzubringen, zog es vor, sich jeweils nur noch einer Person zuzuwenden und plagte sich oft mit dem Gedanken, die intimen Zwiegespräche könnten weiterverbreitet werden, hinter ihrem Rücken, und das war ihr eine peinliche Vorstellung: daß sie die Übersicht in ihren Freundschaften, dem ganzen Beziehungsnetz, verlieren könnte.

40
Eva und Renate Wipf

Von Selbsterfahrungsgruppen einmal abgesehen tat sie sich in geselligen Runden immer schwerer. Das veranschaulichen die Eintragungen über die Bildungsreise mit dem Aargauer Kunstverein. Zusammen mit der Malerkollegin Ilse Weber war Eva Wipf im Herbst 1971 zu einer sechstägigen Exkursion nach Südfrankreich eingeladen worden. Ein reichhaltiges Programm wurde angeboten, Besichtigungen von Klöstern und Kirchen, Stadtrundfahrten, Diskussionen und gemütliche Diners. Von Anfang an fühlte Eva Wipf sich unwohl. Aus Angst vor ihren schlechten Französischkenntnissen bestellte sie in Nizza am ersten Abend eine Pizza mit Cola und schämte sich hinterher entsetzlich für den Fauxpas. So fiel sie täglich tiefer in die Rolle einer unfreiwilligen Außenseiterin und beobachtete neiderfüllt, wie ungezwungen Ilse Weber mit der Prominenz des aargauischen Kunstbetriebs zu plaudern verstand. In der Agenda stehen bitterböse Bemerkungen über »die First Lady und die Reichen, die sich gegenseitig das Geld zuschaufeln«, und

41
im Gespräch mit Hans Wolf

Rea Brändle

42
links das Haus Falkengasse 11

43
der Küchenschrank wird zum
Alchemistenschrein,
das ganze Haus zum Behältnis

dennoch war Eva Wipf verletzt, daß sie nicht mehr eingeladen wurde, als kurze Zeit später »die Aargauer Clique 1 Woche auf Kosten des Kuratoriums in St. Gallen lebte. Ach!« Und ach, daß die Schreiberin weiß, wie sehr sie sich mit ihrem Verhalten im Weg steht, macht ihre Situation nicht einfacher.

»Viele Kästchen gemacht, wird gut«, heißt es in der Agenda. In den Kästchen, wie Eva Wipf ihre Schreine bezeichnete, konnte sie den ganzen Kosmos nach ihren Vorstellungen gestalten, die diffus auseinanderstrebenden Elemente aufeinander beziehen, von der Idee her und zugleich handfest materialisiert. So schuf sie eine Ordnung, die ihr im Leben ständig abhanden zu kommen drohte.

IV. Brugg/Falkengasse

»Ich will einmal ganz abgeschlossen in einem kleinen, eigenen Häuschen wohnen, Gemüse und Fleisch selbst ziehen, Kleider brauche ich nie neue.« So hatte die siebzehnjährige Eva Wipf sich ihre Zukunft vorgestellt. Ein unabhängiges Künstlerleben wollte sie führen, nie heiraten, viel Zeit für sich haben und trotzdem, wie sie in späteren Aufzeichnungen ergänzte, das Soziale nicht aus den Augen verlieren, in permanentem Gedankenaustausch mit Gleichgesinnten leben und der Möglichkeit, sich jederzeit ins eigene Haus zurückzuziehen.

Siebenundzwanzig Jahre später, im Frühling 1973, wollte es scheinen, als hätte Eva Wipf sich ihren alten Traum erfüllen können, mit unglaublich viel Glück: Von ihrem Zürcher Gönner (der unbedingt anonym bleiben will) hatte sie auf Lebzeiten ein zinsloses Darlehen für das eigene Haus bekommen, dazu jeden Monat tausend Franken. Das klingt wie im Märchen, doch die Zeiten des Aufbruchs waren vorbei, die Experimente mit unkonventionellen Wohnformen gescheitert, an der Südstrasse ebenso wie in Merenschwand, und der kleine Garten des Brugger Altstadthauses entsprach kaum den Jugendträumen. Nach der ersten Euphorie läßt Eva Wipf die Beete verwildern, zieht sich ins Haus zurück. Füllt es mit Kunstwerken, mit Material für künftige Assemblagen und Schreine, mit zahllosen Fundstücken, bis sie selber kaum mehr Platz findet in den überfüllten Räumen, einem Work-in-Progress, das unvollendet bleiben muß. Manchmal beklagt sie sich, die Zimmer seien zu dunkel, die Treppen lebensgefährlich steil, die Wände kalt. Zu feucht von der Aare, die unter den schmalen Fenstern vorbeifließt. Eva Wipf hat den Fluß nie gemalt, das Wasser war nicht ihr Element; nur in überhöhtem Sinn fühlte sie sich zum Fließenden hingezogen. Schwimmen hat sie zeitlebens nie gelernt.

Die Einsamkeit war manchmal kaum auszuhalten, auch wenn Eva Wipf ihren Freundinnen (und vor allem sich selber) gegenüber gern die Vorzüge des »All-ein-Seins« in Erinnerung rief, in unzähligen Briefen, die sie aussandte wie Notsignale, oft zehn bis zwanzig Stück pro Tag.

Dann wieder war sie tagelang allein, ging kaum noch außer Haus. Besuche waren ihr unerwünscht, den Telefonstecker zog sie heraus und verstummte buchstäblich, aus den ersten vier Brugger Jahren existieren keine Tagebücher, und die Einträge in den Taschenkalendern sind auf sachdienliche Stichworte reduziert. Schwer vorstellbar deshalb, wie sie ihre Zeit verbracht hat. Im besten Fall arbeitete sie an den Schreinen, spielte mit neu erstandenen Materialien, die der hilfsbereite Christian Michelsen ihr im Lieferwagen vom Zürcher Flohmarkt nach Brugg transportierte. Oder sie las, stopfte Wissen in sich hinein, Bücher über Naturheilkunde, Kybernetik, Psychologie, kokettierte mit dem Gedanken, den Beruf zu wechseln. »Doch dann wären 30 Jahre Malen und Hungern umsonst gewesen«, so brachte sie sich zur Raison, im Januar 1977, zudem gab es jetzt endlich wieder Einladungen zu größeren Ausstellungen, zur Art '77 nach Basel und einer Retrospektive in die Steiermark, dazu Fernsehsendungen, Radio-Interviews, lange Berichte in österreichischen Zeitungen und ein (mißglücktes) Porträt in der Zeitschrift Panderma.

44, 45 und **47**
bei Dreharbeiten zu einer Fernsehdokumentation

45

46
Eva Wipf unter den Ehrengästen beim Brugger Jugendfest

Seither schrieb Eva Wipf wieder regelmäßig Tagebuch, auf A4-Blättern nun, in wechselnden Schriften, Großbuchstaben meist, im Rausch hingeworfen offenbar, manchmal unleserliche Kritzeleien.

Man möchte sie lieber nicht zur Kenntnis nehmen, ihre endlosen Anklagen, Tiraden, Größenphantasien, Selbstbeschuldigungen, die Stoßgebete, Hilfeschreie und unzähligen »Neuanfänge«. Vieles liest sich wie eine Wiederholung aus den frühen Zürcher Jahren, imposanter im Gestus zwar, doch wenig überzeugend, was die Metaphern angeht: Selbststilisierungen von der Sau unter Säuen, vom notgelandeten Astronauten ohne Sauerstoffgerät, verloren auf dem kalten Erdenplaneten, und als Refrain die Fabel, »dass da ein Tiger lebte in einer Schafherde wie ein Schaf«. Und während sie schreibt, schaut sie in den Spiegel, erschrocken über den eigenen Anblick, das aufgedunsene Gesicht, Spuren von Alkohol und Medikamenten, vorzeitige Alterung. Dann gerät sie in Panik, überschüttet sich mit Vorwürfen, gelobt Besserung und baldige Umkehr. Nicht mehr in kleinen Schritten will sie es versuchen, verführerischer wird der Gedanke, daß die ganze Persönlichkeitsstruktur sich umprogrammieren ließe und so sämtliche Laster ausgemerzt wären, auf einen Schlag, mit einem einzigen Knopfdruck, wie im Computer. Dieses Wunschbild wird zur fixen Idee, genährt in vielen Sensitivitykursen, Primärtherapien, Esoterik-Wochenenden und mehrwöchigen Seminaren.

Warum so viele Aufbrüche, wozu eigentlich, vertraute Eva Wipf sich ihrer Freundin, der Objektkünstlerin Margaretha Dubach an. Voller Zuversicht fahre man weg, sei in den Kursen wie ausgewechselt, und beim Heimkommen bereits, kaum habe man die Haustüre geschlossen, falle einem wieder die Decke auf den Kopf. Dann möchte man sofort wieder wegfahren, auftanken irgendwo.

Das stete Auf und Ab, vertraut im Muster, immer kurzatmiger nun. So hat Eva Wipf sich Ende April 1978 in fieberhafter Begeisterung Geld und Visum für eine Gruppenreise nach Indien beschafft, um in Poona den Bhagwan zu besuchen. Euphorisch erlebte sie im Mai ihren Erleuchtungstrip und distanzierte sich auf dem Rückflug schon in einer vierundzwanzigseitigen »Reflexion« von den eben gemachten Erfahrungen.
Sie wußte im Grunde, daß es mit ihrem Leben zu Ende ging. Die Nachlaßfrage hatte sie bereits geregelt und Rosmarie Schmid übertragen, der Wahlverwandten aus den letzten Lebensjahren.
Am Morgen des 29. Juli 1978 ist Eva Wipf in der Storchengasse in der Brugger Altstadt tot zusammengebrochen.

47

Anhang

Biographie

geboren am 23. Mai 1929 in Santo Angelo do Paraiso (Brasilien) als älteste Tochter des Missionars Johannes Wipf und seiner Frau Frieda Wipf, geborene Hablützel, als Bürgerin von Trüllikon, Kanton Zürich

1934
Rückkehr in die Schweiz, Pfarrhaus Buch, Hegau, Kanton Schaffhausen

1946/47
Lehre als Keramikerin in der Tonwarenfabrik Ziegler in Thayngen, Kanton Schaffhausen

um 1946
beginnt autodidaktisch zu malen

1949
erneute Ausreise der Familie nach Brasilien, Eva Wipf bleibt in der Schweiz

Atelier in der Galerie Forum in Schaffhausen und dort erste Einzelausstellung

Aufenthalt in Florenz

1950/52
Aufenthalt in Amsterdam

1952
Rückkehr in die Schweiz, Flaach, Kanton Zürich

1953
Atelier in der Künstlerkolonie Südstrasse, Zürich

1959
Stipendium der Stadt Zürich

1960
Aufenthalt in München

1965
Stipendium der Stadt Zürich

1966
Umzug ins Fischerhaus in Merenschwand, Freiamt, Kanton Aargau

1966
Aufenthalt in Paris

1968
Stipendium Kanton Zürich

1969
Stipendium Kanton Zürich

1972
Weltreise

1973
Umzug in die Falkengasse 11, Brugg, Kanton Aargau

1975
Werkjahr des Kantons Aargau

1978
Reise nach Indien

gestorben am 29. Juli 1978 in Brugg

Ausstellungen

Einzelausstellungen

1949
Galerie Forum, Schaffhausen, 6.–27. Februar
(Katalog)
Casino Winterthur, 1.–13. Mai
Club 49, Konstanz (Katalog)

1965
Strauhof, Zürich (mit Vergita Gianini),
5.–23. Mai

1968
Kunsthalle Wessenberghaus, Konstanz,
8. September–13. Oktober (Katalog)

1970
Bilderstube Leuebrüggli, Langenthal,
17. November–6. Dezember

1974
Galerie Ambros Wehrli, Zürich
(mit Hugo Wirz), 18. Oktober–3. November

1977
Kulturzentrum Graz, 1.–29. April
Galerie Laszlo, »One woman show«, art 8/77,
Basel

1978
Galerie Waldstätter (Veranstaltung
Club Hrotsvit), »kunst und frau«, Luzern,
16. Juli–12. August
Paulus Akademie Zürich, »Gedenkausstel-
lung«, 2. November–20. Dezember

1980
Museum zu Allerheiligen Schaffhausen,
»Nachlassausstellung«, 4. Mai–29. Juni (Buch)

1982
Galerie Monalisalternativ, »Frau und Raum«,
Zürich, 6. Januar–27. Februar

1984
Rathaus und Wohnhaus Falkengasse 11,
Brugg, »700 Jahre Stadtrecht Brugg«,
18. Februar–18. März

1985/86
Kunstmuseum des Kantons Thurgau, Kartause
Ittingen, 26. Januar 1985–8. Februar 1986

1986
Kunstkreis Radbrunnen, Breisach (D),
2. März–26. April
Galerie Röder, Esslingen (D),
5. September–4. Oktober

1988
Atelier Haller, Zürich, 6. Juli–4. September

1993
Galerie Falkengasse, Brugg, 6.–30. Juni

1995
Kunsthaus Zug, »Eva Wipf – Retrospektive«,
19. November 1995–14. Januar 1996
(Monographie)

Gruppenausstellungen

1949
Galerie Forum, Schaffhausen, »Sommerausstellung«

1950/51/52
Museum Allerheiligen Schaffhausen,
»Weihnachtsausstellung«

1954
Galerie Palette, Zürich,
»Junge Malerinnen und Maler«
Galerie Zingg-Lamprecht, Zürich,
»Das Bild im Raum«

1966
Kunsthalle Basel, »Zürcher Künstler«

1967/68/69/70
Aargauer Kunsthaus Aarau,
»Aargauer Künstler«

1967
Kunsthaus Zürich, »GSMBA+K«

1969
Kunstsalon Wolfsberg, Zürich
Schulhaus Hinterbirch, Bülach,
»Kunstausstellung Zürich-Land«

1970
Schulhaus Im Lee, Riniken,
»Kunst im Schulhaus«

1972/73
Galerie beim Kornhaus, Bremgarten,
»Freiämter Künstler«

1975
Galerie Lauffohr, Brugg, »Brugger Künstler«
Galerie im Trudelhaus, Baden,
»Schweizer Künstler, Klein-Skulpturen,
Reliefs – Objekte«

1976
Rathaus Singen (D), »Kunst um den Bodensee«
(Katalog)

1977
Kornschütte Luzern (Veranstaltung Club
Hrotsvit), »Eine gelbe und eine violette Frau«
(Katalog)

1980
Kunsthaus Zug und Kunsthaus Glarus,
»Die andere Sicht der Dinge« (Katalog)

1982
Kunstverein St. Gallen, Kunst in Katharinen,
»Kinder sammeln, Künstler formen«

1985
Galerie im Ganserhaus, Wasserburg bei
München, »Bildräume« (Katalog)

1990
Kunstmuseum Winterthur, »50 Jahre Zürich-
Land« (Katalog)
Kunsthaus Zug, »Schweizer Kunst, 1900–1990,
aus Schweizer Museen und öffentlichen
Sammlungen« (Katalog)

1991/92
Kunsthaus Zürich; Museo Nacional
Reina Sofia, Madrid
Städtische Kunsthalle, Düsseldorf,
»Visionäre Schweiz« (Katalog)

1992
Schweizerisches Landesmuseum, Zürich,
»Sonderfall? Die Schweiz zwischen Réduit und
Europa« (Katalog)

1993
Salon international du livre et de la presse,
Genf, »Sonderfall? Die Schweiz zwischen
Réduit und Europa« (Katalog)

1994
Kunstmuseum Solothurn, »Körper – Fragment –
Wirklichkeit« (Katalog)

Bibliographie

Publikationen

1949
»Eva Wipf«, Galerie Forum, Schaffhausen,
Text: Hans Müller

»Eva Wipf«, Club 49, Konstanz,
Text: Hellmuth Brasch

1967
Künstler Lexikon der Schweiz, XX. Jahrhundert,
darin: Eva Stahn, »Eva Wipf«

1968
»Eva Wipf«, Kunstverein Konstanz, Kunsthalle
Wessenberghaus, Text: Alfons Rosenberg,
»Werk und Weg der Malerin Eva Wipf«

1975
Aargauer Almanach, darin: Niklaus
Oberholzer, »Die Schreine der Eva Wipf«

1976
»Kunst um den Bodensee«, Rathaus Singen (D),
darin: Herbert Beuren, »Eva Wipf«

1977
»Eine gelbe und eine violette Frau«, Korn-
schütte Luzern, darin: Niklaus Oberholzer,
»Eva Wipf«, Brigitte Zehmisch (ohne Titel)

Panderma Sondernummer 13: »Eva Wipf«,
Text: Karl Laszlo, »Eva Wipf, Mystik in der
Schweiz«

1977/78
Brugger Neujahrsblätter, darin: Heiny Widmer,
»Eva Wipf«

1980
»Eva Wipf. Die neue Sprache«, Beiträge:
Marianne Eigenheer, Theo Kneubühler,
Ingeborg Lüscher, Rosmarie Schmid,
Harald Szeemann

Tages-Anzeiger Magazin Nr. 18, darin:
Isolde Schaad, »Eva Wipf, gelebt in diversen
Himmeln, Höllen und auf Erden«

1980/81
»Die andere Sicht der Dinge, Phantastik in der
zeitgenössischen Schweizer Kunst«, Kunsthaus
Glarus und Zuger Kunstgesellschaft, darin:
Eva Wipf, »Tagebuch, Juni 1951«

1985
»Bildräume«, Galerie im Ganserhaus,
Wasserburg bei München

1986
»Reformatio«, darin: Verena Meyer, »Das
Durcheinander der 10 Gebote«

1988
Atelier Haller, Heft 4, Präsidialabteilung der
Stadt Zürich, Text: Marianne Eigenheer, »Zwei
Versuche an Eva Wipfs Werke heranzukommen«

1990
»50 Jahre Zürich-Land«, Kunstmuseum
Winterthur

»Schweizer Kunst, 1900–1990, aus Schweizer
Museen und öffentlichen Sammlungen«,
Kunsthaus Zug

1991/92
»Visionäre Schweiz«, Kunsthaus Zürich,
Museo Nacional Reina Sofia, Madrid;
Städtische Kunsthalle, Düsseldorf, darin:
Harald Szeemann (ohne Titel),
Theo Kneubühler: »Tod und Bild«

1992
»Sonderfall? Die Schweiz zwischen Réduit und
Europa«, Schweizerisches Landesmuseum,
Zürich, darin: Rosmarie Schmid, »Eva Wipf.
Schweizer National Zittern«

1994
»Körper – Fragment – Wirklichkeit«, Kunst-
museum Solothurn, darin: Corinne Sotzeck,
»Eva Wipf«

1996
»Eva Wipf«, Texte: Rea Brändle, »Vier
Stationen im maßlosen Leben einer Künstlerin«;
Matthias Vogel, »Eva Wipf. Gedanken zum
künstlerischen Werk«

Zeitungsartikel (Auswahl)

10. Mai 1949
»Eva Wipf, Gemälde-Ausstellung im Casino
Winterthur«, Bruno Leiner, Landbote und
Tagblatt der Stadt Winterthur

21. Juli 1949
»Sommerausstellung in der Galerie Forum«,
Hans Steiner, Schaffhauser Nachrichten

30. März 1954
»Junge Künstlerin in der Palette«, R. S., Zürcher
Kunstchronik, Die Tat

13. Mai 1965
»Moderner Expressionismus«, mh, Tages-
Anzeiger, Zürich

14. Mai 1965
»Echte und falsche Töne«, Hugo Neuburg,
Zürcher Woche

Mai 1965
»Barocke Wucht bei Eva Wipf«, Hugo
Debrunner, Die Tat

Mai 1965
»Ein weiter Prunk von Abgrund«, Fritz Senft,
Schaffhauser Nachrichten

22. Mai 1965
»Zwischen Wirklichkeit und Phantasie«,
Herbert Grögger, Zürichsee-Zeitung

11. September 1968
»Der Weg durch die Tiefe zu Ordnung und
Hoffnung«, z-q, Südkurier, Konstanzer Zeitung

13. September 1968
»Grosse Auszeichnung für Eva Wipf«, Ines
Köhler, Vaterland, Luzern (der Artikel erschien
in 13 weiteren Zeitungen)

19. September 1968
»Eva Wipf, Denkerin der Zeit«, Herbert
Gröger, Neue Zürcher Nachrichten und
Neue Berner Nachrichten

3. Oktober 1970
»Kultur ist ein Ort der Gemeinschaft«, rb,
Aargauer Tagblatt/Badener Tagblatt

9. Oktober 1970
»Ein Experiment im Schulhaus Riniken«,
Niklaus Oberholzer, Aargauer Volksblatt

28. November 1970
»Eva Wipf: Blumen und Welten – kreisende Kreise«,
Marlen Schnieper, Luzerner Neueste Nachrichten

2. Dezember 1970
»Die Kunst ist lang – und kurz nur unser
Leben«, Walther Kauer, Eva Wipf, ein Künstler-
Portrait, Aargauer Kurier

Januar 1971
»Die magisch-mystische Welt der Eva Wipf«,
mb, Schweizer Lehrlings-Zeitung, Zürich

29. Mai 1971
»Atelierbesuch bei Eva Wipf«,
Niklaus Oberholzer, Aargauer Volksblatt

Dezember 1971
»Welt und Werkstatt der Malerin Eva Wipf«,
Rosemarie Bäumle, Zürcher Kirchenbote

11. Dezember 1974
»Die unheimlichen Ordnungen von Eva Wipf«,
Tildy Hanhart, Schaffhauser Nachrichten

Dezember 1974
»Zerfallenes Christentum und östliche Heils-
lehre«, C. M., Tages-Anzeiger, Zürich

Dezember 1974
»Meditation über eine Ausstellung«,
Annegret Diethelm, Affolter Anzeiger

26. Juli 1975
»Auf der Suche nach dem verlorenen
›Paradies‹«, Sx, Badener Tagblatt

September 1975
»Schimmel auf dem Kirchen-Christus«,
E. A. Rothenbacher, Badener Tagblatt

14. April 1976
»Kreuzweg, Eva Wipf«, Peter und Annegret
Diethelm, Anzeiger Bezirk Affoltern

20. April 1976
»Mahnmale einer empfundenen Passion«,
E. A. Rothenbacher, Badener Tagblatt

Juni 1976
»Wie 4 Schaffhauser nach Singen kamen«,
Max Freivogel, Schaffhauser Nachrichten

April 1977
»Erfolge einer Brugger Künstlerin in Österreich«, E. A. Rothenbacher, Badener Tagblatt

1. April 1977
»Zwischen Höllentor und Sternenschrein«,
Heribert Schwarzbauer, Kleine Zeitung,
Österreich

19. November 1977
»Sakrales aus Trümmern und
Weggeworfenem«, Tildy Hanhart,
Schaffhauser Nachrichten

31. Juli 1978
»Schöpfung und Zerstörung wohnten in ihr«,
E. A. Rothenbacher, Badener Tagblatt

9. August 1978
»Leiden in völliger Nacktheit, unerfüllte
Träume – Zum Tode der Objektkünstlerin
Eva Wipf«, Peter Killer, Tages-Anzeiger,
Zürich

August 1978
»Eva Wipf – gott (ver)suchender Künstler –
unbeschreibliche Frau«, Katia Trüb, Elle

November 1978
»Aus Kummer mach Kunst«, Marie-Louise
Lienhard, Treffpunkt Tages-Anzeiger Magazin,
Zürich

9. November 1978
»Zu gross war die Ungeduld des Herzens«,
Neue Zürcher Nachrichten

17. November 1978
»Eva Wipfs Proteste gegen die Ohnmacht«,
Tildy Hanhart, Schaffhauser Nachrichten

20. Mai 1980
»Mahnmal zur Hoffnung«, Hans Jürg Kupper,
Basler Zeitung

11. Februar 1984
»Herausfordernde visionäre Bildsprache«,
Myrtha Schmid, Badener Tagblatt

18. Februar 1984
»Zwischen Chaos und Ordnung«,
Myrtha Schmid, Badener Tagblatt

20. Februar 1984
»Brückenschlag zwischen Kunst und
Lebensraum«, Myrtha Schmid, Badener
Tagblatt

21. Februar 1984
»Eine Mystikerin unserer Zeit«, Martin Kraft,
Schweizer Feuilleton-Dienst, Zürich

28. Januar 1985
»Sehnsucht nach einer anderen Welt«,
Barbara Fatzer, Thurgauer Volkszeitung

29. Januar 1985
»Eindrücke zwischen Himmel und Erde«, wa,
Thurgauer Zeitung

30. Januar 1985
»Ein Werk, das wie eine Beschwörung wirkt«,
Elisabeth Grossmann, General-Anzeiger
Thurgau

9. Februar 1985
»…wo ich nicht mehr atmen kann«, Simone
Schaufelberger-Breguet, St. Galler Tagblatt

24. Dezember 1985
»Meditationsschreine gegen die Mechanik der
Zerstörung«, Tildy Hanhart, Schaffhauser
Nachrichten

Fernsehen/Film

1975
TV-Film DRS, »Eva Wipf«, Autorin: Verena Meyer

1976
TV-Film DRS, »Kreuzwegstationen«, Drehbuch:
Gerhard Keller

1980
TV-Film DRS, »Eva Wipf – gelebt in Himmeln,
Höllen sowie auf Erden«,
Autorin: Verena Meyer, Regie: Werner Gröner,
Verleih PRO HELVETIA, Zürich

1984
Sendung Z.E.N., »Eva Wipf, fünf Bildbetrach-
tungen«, Text und Regie: Verena Meyer

1984
TV-DRS, »Die Brugger Künstlerin Eva Wipf«
(zum internationalen Tag der Frau, 8. März),
Redaktion: Eva Caflisch

Impressum

HerausgeberInnen
Rosmarie Schmid
Elisabeth Grossmann
Matthias Haldemann

Nachlaß Eva Wipf
Kunsthaus Zug

© 1996 Herausgeber, Cantz Verlag
und Autoren

© 1996 für die abgebildeten Werke von
Otto Dix, Lyonel Feininger, George Grosz,
Louis Moilliet und Franz Radziwill
by Pro Litteris, Zürich

Lektorat
Cornelia Plaas

Gestaltung
Signe Brunner

Gesamtherstellung
Dr. Cantz'sche Druckerei,
Ostfildern bei Stuttgart

Erschienen im
Cantz Verlag
Senefelderstraße 9
D-73760 Ostfildern
Tel. 07 11- 44 99 30
Fax 07 11- 4 41 45 79

Cantz Verlag
Seestrasse 21
CH-8700 Küsnacht
Tel. 01-9 10 71 76
Fax 01-9 10 67 90

ISBN 3-89322-800-4

Printed in Germany

Fotonachweis

Jean-Pierre Kuhn, Schweizerisches Institut
für Kunstwissenschaft, Zürich:
sämtliche Bilder und Objekte;
ausgenommen

Peter Koehl, Müllheim:
Objekte S. 84, 102, 104, 109, 110

Ingeborg Lüscher, Tegna:
Vor- und Nachsatzabbildungen und
Doppelseiten 8/9, 40/41, 118/119, 138/139
(aus der Photoreihe zum Buch »Eva Wipf –
Die neue Sprache«, 1980)

Peter Riner, Oberrohrdorf:
Frontispiz (Interview in einer Zeitungs-
redaktion, 1977)

Umschlagabbildung:
Detail aus Sternenschrein, S. 79